Corazón de Enojo

Lou Priolo

T0321536

EDITORIAL BETANIA
Una división de Grupo Nelson Publishers
Juntos inspiramos al mundo

www.caribebetania.com

© 2006 Editorial Betania
Una división de Grupo Nelson
Nashville, TN, E.U.A.
www.caribebetania.com

Título en inglés: *The Heart of Anger*
© 1997 por Lou Priolo and Calvary Press
Publicado por Calvary Press

Diseño interior: Grupo Nivel Uno, Inc.

ISBN: 0-88113-933-5

Impreso en E.U.A.
Printed in the U.S.A.

A Sofía

«El hombre que ama la sabiduría alegra a su padre».
Proverbios 29.3

Oro para que seas lleno del conocimiento de Su Voluntad en toda sabiduría y entendimiento espiritual, para que puedas vivir una vida digna del Señor y que le agrades en todo; produciendo fruto en toda buena obra mientras creces en el conocimiento de Dios.

Contenido

Reconocimientos

No podré agradecer, hasta que estemos en la gloria, a todos aquellos individuos que han sido usados por Dios para influenciar mi vida y ministerio. Con certeza, nunca podré recordar a todos o reconocer a todos aquellos a quienes, en muchas maneras aun desconocidas para mí, estoy en deuda y debería estar agradecido. Algunos de ellos (cuyos libros han influido en mí) fueron a la gloria antes de mi nacimiento; con otros he perdido contacto y quizá no los vea otra vez, sino hasta entonces.

Aquí están aquellos cuya ayuda directa en la publicación de este libro ha sido grandemente apreciada.

Susan Fitzgerrald, quien fue la primera en cincelar los bordes ásperos del borrador inicial.

John Sowell, cuyo trabajo en los primeros seis capítulos es apreciado más de lo que él sabrá jamás.

Kim Priolo, quien tecleó vez tras vez cada revisión en el proceso tedioso de refinar esta obra.

Jay Adams, quien puso la primera capa de brillo sobre el manuscrito y escribió tal prefacio tan entusiasta.

David Powlison, quien puso brillo sobre el brillo; y finalmente Jan Haley y Barbara Lerch por sus ideas sobre cómo hacer este recurso más amigable para el usuario.

Prólogo

Lou Priolo tiene un don notable para tomar verdades que muchos padres encuentran difíciles de comprender y desplegarlas con una claridad y simplicidad increíbles. Podríamos decir que corta el nudo gordiano de la educación bíblica de los hijos. Empuña la espada del Espíritu con creatividad, descifrando algunos problemas de la educación de los hijos que a muchos les parecen muy desconcertantes. Y revela que educar a los hijos de una manera bíblica no tiene que ser tan duro como la mayoría de la gente dice.

Corazón de enojo es una ayuda para los padres de niños enojados. Va más allá de las manifestaciones externas del enojo y muestra cómo lidiar con la fuente interna del enojo —los pensamientos y los motivos del corazón (Hebreos 4.12). El libro también ayudará a los padres que luchan con el enojo pecaminoso.

No conozco ningún otro trabajo que atienda este problema con tal sabiduría bíblica práctica y aplicable —y sin la psicología popular y superficial tan predominante en muchos libros para padres. Este libro maravilloso animará a los padres que están luchando —aun a aquellos cuyos hijos no batallan con el enojo— y ayudará a fortalecer a las familias a enfrentar los ataques de una era mala y airada.

—John MacArthur

Prefacio

Lou Priolo ha escrito un libro eminentemente interesante y práctico acerca de un problema encontrado con frecuencia, pero raras veces atendido. Es un libro cuyo tiempo ha llegado. Y lo ha hecho basando su obra en prácticas y principios bíblicos. Todo consejero noutético querrá su propia copia a la vez que algunas para regalar o prestar. Los pastores lo pondrán en sus bibliotecas y librerías de sus iglesias. Los padres lo devorarán. Los niños cristianos se beneficiarán por él, y la Iglesia en general estará en deuda con Lou por haberlo escrito. Los liberales lo aborrecerán y los psicólogos lo ridiculizarán. No hay otro como éste; tengo la expectativa de que nos hará mucho bien.

Lou, déjame ser el primero en agradecerte por darme la oportunidad de leer el libro cuando era apenas un manuscrito. ¡Te felicito por tus esfuerzos para Dios! Se necesitaba este libro.

—Jay E. Adams

Palabras del Autor

Este no es el primer libro que quería escribir. Existe, por lo menos, media docena de otros asuntos con los cuales hubiera preferido irrumpir en el ámbito del arte de escribir libros. No obstante, de manera providencial, el Señor dirigió el curso de los eventos de tal manera que el material contenido en esta obra fue desarrollado y probado más rápidamente de lo que pude haber previsto. Dondequiera que este material haya sido presentado en cursos de consejería, seminarios y conferencias, ha tenido un éxito tremendo. La respuesta de la gente y su hambre evidente de ayuda y dirección respecto a estos asuntos, han sido abrumadoras. Además, las peticiones de publicar este útil material han excedido de dos a una el número de peticiones por otros materiales. Por esto se le dio a este libro la más alta prioridad.

Corazón de enojo contiene algunas aplicaciones bastante nuevas de la sabiduría eterna revelada en la Palabra de Dios. Esto está en contraste con la plétora de llamados libros «cristianos» sobre la educación de los hijos que contienen más psicología pagana y mundana que exhortación de la Santa Escritura que es totalmente suficiente. No pretende ser un libro completo sobre todos los asuntos de la educación de los hijos, ni tampoco es un tratado exhaustivo sobre los niños enojados.

Sugiero que este libro sea visto como una caja básica de herramientas. Encontrará algunas de las herramientas más útiles y fáciles de aprender para entender, prevenir y corregir el enojo en los niños.

Le ayudará, inclusive, a evitar la provocación del enojo en sus hijos que quizá no estaba consiente que provocaba. Probablemente no necesitará cada una de estas herramientas para cada trabajo (y no contiene cada herramienta disponible para corregir el enojo y otros problemas de disciplina), pero una vez que entienda los conceptos y maneje con pericia las herramientas, estará mucho mejor equipado para lidiar de una manera piadosa con el enojo en la vida de su hijo. Espero que le persuada completamente por su exactitud bíblica y teológica. Sobre todo, creo que este material ofrecerá ayuda y esperanza real a los padres que buscan soluciones bíblicas a los problemas de la niñez relacionados con el enojo.

Dios le bendiga,

Lou Priolo

1

Niños enojados

Jim y Linda se sentaron con lágrimas en los ojos al otro lado de mi escritorio. Estaban frustrados, porque su hijo de diez años era muy difícil de manejar. Linda comenzó a relatar su historia:

«No podemos controlar a Josué. Está decidido a salirse con la suya. Nos da vergüenza la manera en que se dirige a nosotros. Su profesora dice que interrumpe la clase. Ha sugerido, incluso, que quizás necesite alguna medicación que controle su conducta. Hemos tratado de disciplinarlo, pero nos dimos por vencidos después que se enojó tanto que nos asustó. Me siento culpable y avergonzada porque he fallado como madre. No sabemos qué hacer, y siento como que ya no hay esperanza. Tememos que si Josué no recibe ayuda ahora, en unos años será un rebelde sin remedio».

Jim y Linda,[1] como muchos padres, habían perdido la esperanza. No veían la mano de Dios en su prueba. Habían perdido de vista que sus responsabilidades como padres son un «esfuerzo conjunto» con Dios, quien promete darnos sabiduría (Santiago 1.5), instrucción (2 Pedro 1.3), capacidad (Filipenses 2.13) y el deseo (Filipenses 2.13) de ser buenos padres. Los padres de Josué tienen la responsabilidad de amar a Dios y amar a su hijo mediante la obediencia a la

Palabra de Dios, criándole en la «disciplina y la amonestación del Señor» (Efesios 6.4). Quizás usted, como Jim y Linda, ha olvidado que como cristiano, Dios no le pedirá que cumpla un mandamiento bíblico sin proveerle la gracia y la capacidad para hacerlo. Al leer este libro, encontrará esperanza en las provisiones de Dios, las cuales le capacitarán para criar a sus hijos «en la disciplina y la amonestación del Señor» (Efesios 6.4).

Una Política Inusual

Mientras proseguían con su historia, Jim y Linda preguntaron por qué nuestro centro tiene una política tan peculiar respecto a la consejería de niños. Como regla, a menos que exista una crisis o urgencia, no atendemos al niño a solas sin antes haber sostenido dos o tres sesiones con los padres. Como expliqué a ambos, la razón de esta política no es permitir que Mamá y Papá me cuenten chismes o calumnias sobre sus hijos. Tampoco es ofrecerles una oportunidad para predisponerme contra ellos. El propósito de esta política es identificar cómo pueden estar pecando Jim y Linda contra Josué, de modo que yo pueda ayudarles a sacar la viga del ojo propio antes de intentar ayudar a Josué a retirar la paja del suyo.[2]

Jim y Linda continuaron aportándome información mediante sus respuestas a preguntas específicas, diseñadas para ayudarnos a formular un diagnóstico tentativo de los problemas existentes en cada familia. Mientras estaba en marcha el proceso de recolección de información y diagnóstico, yo trataba de encontrar patrones de comportamiento que se pudieran identificar como patológicos desde una perspectiva bíblica, «No con palabras enseñadas por sabiduría humana, sino con las que enseña el Espíritu, acomodando lo espiritual (pensamientos) a lo espiritual (palabras)» (1 Corintios 2.13). En síntesis, estaba tratando de entender el problema de Josué desde el punto de vista de Dios, usando para el diagnóstico la terminología bíblica.

Un rato después, me dirigí al pizarrón blanco que tengo en mi oficina. Luego comencé a escribir una lista de los patrones de conducta que había identificado en Josué. Basándome en las observaciones de los padres, identifiqué once pautas de conducta indeseable:

▶ *Explosiones de ira/berrinches*
▶ *Discusiones/debates belicosos*
▶ *Falta de respeto*
▶ *Pelea/violencia*
▶ *Hostilidad*
▶ *Crueldad*
▶ *Disensión/antagonismo*
▶ *Actos de venganza*
▶ *Malicia*
▶ *Amargura*
▶ *Desánimo/Apatía, indiferencia*

«¿Pueden ver algún denominador común en todas estas conductas?», inquirí. Linda me contestó: «¡Sí! Nunca lo vi de esa manera, ¡Es enojo! Josué tiene un problema de enojo».

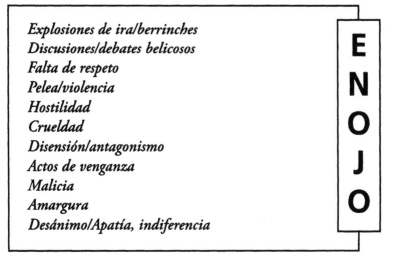

Tras completar el diagrama les expliqué: «Parece que Josué podría haber desarrollado algunas de las características del hombre iracundo descrito en Proverbios».

«El hombre iracundo levanta contiendas, y el furioso muchas veces peca» (Proverbios 29.22).

«No te entremetas con el iracundo, ni te acompañes con el hombre de enojos, no sea que aprendas sus maneras, y tomes lazo para tu alma» (Proverbios 22.24-25).

Pecado caracterológico

P: ¿Qué le pasa a la persona que continuamente somete a los miembros de su cuerpo a un pecado en particular?

R: Esa persona es esclavo al pecado por cual decidió ser dominado. (Rom 6.16)

P: ¿Cómo le llama Dios a un individuo que continuamente se entrega a la locura?

R: Dios lo llama un necio. (Prov 26.11)

P: ¿Cómo clasifica la Escritura a alguien que continuamente se entrega a la borrachera?

R: La Escritura lo clasifica como un borracho. (1 Cor 5.11)

P: ¿Cuál es el nombre bíblico para una persona que miente habitualmente?

R: El nombre bíblico para una persona que miente habitualmente es mentiroso. (Prov 17.4)

Según las Escrituras, cuando un individuo se entrega continuamente a un pecado en particular, llegará el momento en que estará atado por ese pecado (Romanos 6.16; Juan 8.34; 2 Pedro 2.19). En cierto punto de este proceso de esclavización, al entrenar su corazón en prácticas de codicia (2 Pedro 2.14); al pasar a otras áreas de su vida los efectos de su pecado (por ejemplo, trabajo, familia, iglesia y salud); al estar su vida cada vez más dominada por las características y consecuencias de su pecado (Gálatas 6.7,8; Santiago 1.8), Dios cataloga a ese individuo según el nombre del pecado que permite que lo domine.[3] Josué se estaba convirtiendo en un «hombre iracundo».

Una parte de mi tarea como consejero es identificar el tipo de esclavitud de la cual es cautivo mi aconsejado, y ayudarle a descubrir las alternativas bíblicas contra el pecado que está tratando de desterrar de su vida. En el caso de Josué, un enojo pecaminoso se estaba volviendo un rasgo dominante de su personalidad. Por lo tanto, Jim, Linda y yo, por la gracia de Dios, necesitábamos determinar la fuente del enojo de Josué y encontrar los recursos para ayudarle a vencer el problema. A menos que Josué resolviera su problema, éste podría conducirle a otro peor, como una rebelión insolente.

El Desarrollo de la Rebelión

Como recordará, a los padres de Josué les preocupaba que los problemas de su hijo no fueran puestos a tiempo bajo control, y que él se rebelara cuando fuera mayor. Su preocupación por la posibilidad de una rebelión más grave y extendida tenía un fundamento. El enojo, especialmente en los niños, puede desembocar en rebelión. El enojo pecaminoso es siempre una expresión de rebelión contra Dios, y Josué ya se estaba rebelando. Existe un proceso que incluye el enojo, en el cual la rebelión se dirige contra la autoridad. Este proceso no se desarrolla sólo en los niños, sino también en las esposas que se rebelan contra sus esposos; en los esposos que se rebelan contra el llamado de Cristo a amar a sus esposas como Él amó a la Iglesia; en los empleados que se rebelan contra sus patronos; en los patronos que se rebelan contra el llamado del Señor a ser amables; en los miembros de la iglesia que se rebelan contra la autoridad de la iglesia; en los líderes de la iglesia que se rebelan contra el llamado de Dios a servir amorosamente; y en cualquiera que se rebele contra una autoridad divinamente establecida por Dios, quien es el Señor de todo.

A menudo este proceso que va del enojo a la rebelión puede escalonarse en cinco pasos. Estos cinco peldaños del descenso hacia la destrucción son: sentirse herido, amargado, enojado, obstinado, y finalmente, rebelarse.

Un espíritu herido (o sentirse herido). Proverbios 18.14 declara: «¿Quién soportará al ánimo angustiado?» El primer peldaño en el descenso es, a menudo, una sensación de haber sido herido que ha sido causada por una ofensa, ya sea real o percibida. Los padres le hacen algo a su hijo (el pecado generalmente —aunque no necesariamente— está involucrado) y la respuesta mental y emocional de éste le produce heridas. Este sentirse herido es una semilla que germina y crece hasta convertirse en una raíz de amargura (Hebreos 12.15).

La amargura es el segundo peldaño en esta bajada. Si el niño no responde en términos bíblicos a la herida infligida esto implicaría perdonar el pecado (Lucas 17.3), «pasar por alto» el pecado (Proverbios 19.11), o reconocer que la «ofensa» no era injusta, comenzará a reproducir en su mente la ofensa, repasándola una y otra vez. Esta práctica de repasar e imputar la ofensa no es sólo una violación de 1 Corintios 13.5 («el amor no guarda rencor»), sino que también abona la semilla de la herida que, cuando madura, llega a convertirse en una «raíz de amargura» (Hebreos 12.15). Consecuentemente, esta raíz de amargura puede contaminar a otros en la familia.[4]

El enojo es el tercer escalón en la pendiente. Este es el tipo de enojo que la Biblia advierte a los padres no provocar en sus hijos. Este enojo no es una simple explosión momentánea que se disipa rápidamente. Es el enojo característico del que hablábamos anteriormente. Es un enojo que ha llegado a ser tan habitual que se vuelve inherente a la personalidad del niño. «No te entremetas con el iracundo, ni te acompañes con el hombre de enojos, no sea que aprendas sus maneras, y tomes lazo para tu alma» (Proverbios 22.24-25). Por supuesto, usted, como padre, no puede disociarse de su hijo iracundo, pero estos versículos pueden servir como un recordatorio bíblico de las consecuencias que resultan del enojo característico. Este libro se escribió para prevenir y corregir tal tipo de enojo. *La obstinación* (Insubordinacion) es el cuarto paso. «Porque como pecado de adivinación es la rebelión, y como ídolos e idolatría la obstinación» (1 Samuel 15.23). Este paso precede a la rebelión abierta. El cuadro de obstinación que mejor podría ilustrarnos aquí es el de una novilla que se echa sobre sus cuartos traseros, hundiendo las pezuñas de sus patas delanteras en la tierra, para contrarrestar a su dueño que trata de empujarla o de tirar de ella. El rebelde en proceso es culpable de idolatría, porque cree que es el soberano de su propio destino.

La rebelión es el paso final de esta decadencia. Un niño rebelde es aquel cuyas características han sobrepasado las de un hombre iracundo, y que ha asumido las del necio proverbial. Leyendo este libro, usted posiblemente descubrirá su relación con alguien que se encuentra en esa fase final de rebelión. Lea la siguiente lista de características del necio y compruebe cuántas de ellas concurren en su «rebelde». Cuando lo haga, tal vez se sorprenderá de ver que las características del necio son esencialmente las mismas que las del rebelde.

25 características de un necio

Característica	Proverbio
Desprecia la sabiduría y enseñanza	*1.7*
Aborrece el entendimiento	*1.22*
Es la tristeza de su madre	*10.1*
Se divierte en hacer maldad	*10.23*
Es derecho en su opinion	*12.15*
Es rápido para airarse	*12.16*

No le gusta apartarse del mal	*13.19*
Es engañoso	*14.8*
Es insolente y confiado	*14.16*
Menosprecia el consejo de su padre	*15.5*
Menosprecia a su madre (y o padre)	*15.20*
No responde bien a la disciplina	*17.10*
No entiende la sabiduría	*17.16*
Tiene un enfoque mundano	
(un sistema de valores carnales)	*17.24*
Es pesadumbre de sus padres	*17.25*
Hiere a sus padres	*17.25*
Su opinión es la única	*18.2*
Provoca contienda e ira cons sus palabras	*18.6*
Su propia boca lo descubre	*18.7*
Es polémico	*20.3*
Es despilfarrador	*21.20*
Repite su necedad	*26.11*
Confía en su propio corazón	*· 28.26*
No puede resolver conflictos	*29.9*
Da rienda suelta a su ira	*29.11*

Aunque escapa a los objetivos de este libro desarrollar y estudiar todos los pormenores de la rebelión, hay dos puntos que debemos establecer al respecto. Primero, la mejor manera de lidiar con la rebelión es previniéndola: «El avisado ve el mal y se esconde» (Proverbios 22.3). Segundo, el mejor seguro contra el desarrollo de una rebelión característica es la prevención del enojo característico: «No te apresures en tu espíritu a enojarte; porque el enojo reposa en el seno de los necios» (Eclesiastés 7.9).

Un hogar centrado en el niño

El siguiente conjunto de diagramas que dibujé para Jim y Linda muestran lo que anidaba en el centro del enojo de Josué. «Voy a dibujar un modelo de dos familias radicalmente opuestas. Cuando haya terminado, me gustaría que ustedes me dijeran cuál de estos dos modelos representa mejor a la familia de ustedes. La primera gira alrededor de los niños. Es un hogar centrado en el niño.[5] Un hogar centrado en el niño es aquél donde el niño cree que —y se le permite comportarse como si— la casa entera, los padres, los hermanos, y aún las mascotas, existieran con el único propósito de complacerle a él». Un hogar centrado en el niño es aquél donde se permite a los niños cometer las siguientes indiscreciones:

▶ *Interrumpir a los adultos cuando están conversando*

▶ *Usar la manipulación y la rebelión para salirse con la suya*

▶ *Decidir el horario familiar (incluyendo las horas de las comidas, la de ir a la cama, etc.)*

▶ *Tener prioridad por sobre las necesidades de los cónyuges*

▶ *Tener derecho a igualdad en el voto, e incluso derecho al veto en todos los asuntos a decidir*

▶ *Demandar una atención y tiempo excesivos de parte de los padres en detrimento de otras responsabilidades bíblicas de éstos*

▶ *Escapar de las consecuencias de su conducta pecaminosa e irresponsable*

▶ *Hablar a sus padres como si fueran sus iguales.*

▶ *Ser la influencia dominante en el hogar*

▶ *Ser entretenidos y consentidos (en vez de ser disciplinados) cuando están de mal humor*

Figura 1. El hogar centrado en el niño

Un niño que está en el centro del hogar cree que él y sus deseos deben ser el punto focal de toda la casa. En el contexto de un hogar centrado en el niño han crecido muchos, creyendo que la sociedad les debe la vida.

El Hogar Centrado en Dios

«En cambio» —dije a Jim y a Linda— «un hogar centrado en Dios es un hogar que sigue la pauta de Génesis 2.24: «Por tanto, dejará el hombre a su padre y a su madre, y se unirá a su mujer, y serán una sola carne». Este es quizás el versículo específico sobre la familia más importante de la Biblia. Se repite tres veces más en las Escrituras. También es el que menos se practica. Virtualmente, todos los problemas matrimoniales y familiares pueden atribuirse a la omisión de dejar a nuestros padres, unirnos a nuestros cónyuges y ser una sola carne.

Cuando dos personas abandonan sus respectivos hogares paternos para establecer un nuevo hogar en Cristo, se convierten en una familia antes del advenimiento de un hijo. Cuando se agregan los hijos, la mamá y el papá se convierten en cabezas de una nueva unidad de toma de decisiones. Esta unidad no es una democracia. El esposo es su cabeza, y la esposa, la ayudante de él. Los dos son una sola carne. A medida que los hijos nacen son bienvenidos como miembros a la familia, pero no forman parte de la unidad de toma de decisiones. En otras palabras, son parte de la familia, pero no son una sola carne con sus padres.

De acuerdo con las Escrituras, la relación entre el esposo y la esposa es una relación permanente que no se debe romper (Mateo 19.3-6). La relación de autoridad y sumisión entre los padres y sus hijos es temporal, y con el tiempo se romperá según Génesis 2.24. Un día, los hijos también dejarán el hogar. Por tanto, la relación entre el esposo y la esposa tiene que ser la relación prioritaria. Las relaciones entre padres e hijos, y entre los hermanos, son importantes pero secundarias.

Relación prioritaria y permanente

Relación secundaria y temporal

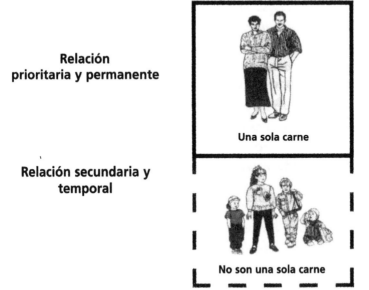

Figura 2. El hogar centrado en Dios

El concepto de un hogar centrado en Dios se deriva del principio bíblico que dice que el propósito de cada cristiano es el de glorificar a Dios (1 Corintios 10.31; 1 Corintios 6.20). En contraste con el hogar centrado en el niño, donde el asunto dominante es complacer y servir al niño, en el hogar centrado en Dios cada uno está comprometido a complacer y servir a Dios. Los deseos de Dios son exaltados por encima de los de todos los demás. Se puede esperar que todos en la familia sacrifiquen placeres personales si Dios así lo requiere. Esta filosofía enseña a los niños a servir, en vez de ser servidos; a honrar, en vez de ser honrados; a dar (ser amorosos), en vez de recibir (ser egoístas). En los hogares centrados en Dios, se enseña a los niños a practicar (entre muchas otras cosas) lo siguiente:

▶ *Servir gozosamente a los demás*
▶ *Obedecer de buena gana e inmediatamente a los padres*
▶ *No interrumpir cuando los padres están hablando*
▶ *Entender que no siempre se saldrán con la suya*
▶ *Acomodar su horario al de sus padres*
▶ *Tener participación en las decisiones familiares, pero no necesariamente un voto igualitario*
▶ *Entender que Dios ha dado a sus padres otras responsabilidades además de satisfacer sus necesidades*
▶ *Sufrir las consecuencias naturales de una conducta pecaminosa e irresponsable*
▶ *No hablar a sus padres como si fueran sus iguales, sino honrarlos como sus autoridades espirituales*
▶ *Estimar a los demás como más importantes que ellos mismos*
▶ *Cumplir varias responsabilidades (deberes) en la casa*
▶ *Protegerse de ciertas malas influencias*
▶ *No dividir a los padres en los asuntos disciplinarios*
▶ *No tener más intimidad con alguno de sus padres que la que ellos tienen entre sí*

Después de haber explicado estos dos modelos les pedí a Jim y Linda, que identificaran el que describiera mejor su hogar. Ellos eligieron el hogar centrado en el niño. Lo mismo ocurrió con una inmensa mayoría de los padres de hijos enojados a quienes hice igual petición a lo largo de los años. Jim, Linda y Josué no están solos. ¿Y usted? ¿Qué modelo describe mejor su hogar? ¿El hogar centrado en el niño o el hogar centrado en Dios?

A medida que el proceso de consejería continúa, cada miembro de la familia debe entender y practicar los principios bíblicos necesarios para pasar de ser un hogar centrado en el niño, a ser uno centrado en Dios. Como resultado de tal aplicación, la tensión, los conflictos irresueltos, la frustración y la desesperación pueden ser reemplazados gradualmente por la armonía, la solución de conflictos, la paz y la esperanza. Jesucristo es el redentor amoroso de los pecadores, el Buen Pastor de los descarriados, el Gran Médico de los necesitados.

Centralizado en el niño	Centralizado en Dios
El niño percibe que su familia entera existe esencialmente para complacer y hacerlo a él o ella feliz. El padre, la madre y hermanos existen para servir y satisfacer las necesidades y deseos del niño.	*El niño percibe que el esposo es la cabeza de la familia y la esposa se somete a su esposo. La relación principal es la de ellos. Es permanente y existe para glorificar a Dios. Los niños tienen una relación secundaria y temporaria.*

Figura 3. El hogar centrado en el niño versus el hogar centrado en Dios

Si su hogar, como muchos en nuestros días, está más próximo al modelo centrado en el niño que al centrado en Dios, los principios bíblicos explicados en los siguientes capítulos podrán prepararle para la transición de un hogar donde impera el caos a un hogar donde reina la paz de Cristo.

En este capítulo hemos identificado dos asuntos importantes asociados con el enojo de los niños: el enojo característico y los hogares centrados en el niño. En el próximo, discutiremos qué contribución podría estar haciendo al problema del enojo de su hijo.

Preguntas

1. ¿Qué tres cosas prometen Santiago 1.5 y Filipenses 2.13 que Dios proveerá y que los padres necesitan para criar a sus hijos? ¿Cuál de estas tres promesas necesita usted reclamar (recordar) mejor?

2. ¿De qué manera nos produce amargura una respuesta errónea cuando hemos sido lastimados?

3. ¿Cuáles son las respuestas bíblicas idóneas cuando alguien nos ha lastimado?

4. ¿En qué formas han respondido sus hijos correctamente a las ofensas que les han infligido? ¿En qué formas han respondido incorrectamente?

5. ¿Describiría usted su hogar como uno centrado en Dios o centrado en el niño? ¿Por qué?

6. ¿Cómo describirían sus hijos su hogar? Puede considerar pedir a los pequeños que hagan un dibujo sobre cómo ve cada uno de ellos su hogar (centrado en el niño, centrado en los padres, o centrado en Dios). Luego analice con ellos los dibujos.

7. Mencione tres maneras en las que le gustaría ver a su familia más centrada en Dios.

2
Padres provocadores

Había diagnosticado tentativamente a Josué como víctima de un enojo característico. En otras palabras, clasificaba para la dudosa distinción de llegar a ser un hombre iracundo. Les hice a Jim y a Linda otra pregunta. «¿Pueden recordar algún versículo de la Biblia que hable de hijos enojados?»

«Sí: "Padres no provoquéis a ira a vuestros hijos"», —respondió Jim, mientras la expresión de su rostro cambiaba de la seguridad de conocer la respuesta correcta a la consternación por la posibilidad de que él y Linda fueran culpables, de algún modo, de provocar a Josué.

«Correcto» —asentí. «Efesios 6.4 dice que en vez de provocar a sus hijos, debes cultivarlos en la disciplina y la instrucción del Señor. En un pasaje paralelo, Colosenses 3.21, Pablo usa una palabra diferente para expresar la misma idea, «Padres, no exasperéis a vuestros hijos, para que no se desalienten».

¿De quién es la culpa?

En este punto, tuve que recordar a Jim y a Linda que yo no era un psicólogo freudiano interesado en culparles por los problemas de su hijo. «Ustedes dos son pecadores adultos. Josué es un pequeño pecador. Pero como pecador, él es responsable ciento por ciento ante Dios por su enojo, y debe asumir esa responsabilidad. Dios espera que no se enfade pecaminosamente, independientemente de cómo lo provoquen sus padres. Él espera que Josué cambie, lo hagan ustedes o no. Pero ustedes dos son responsables ante Dios de no contribuir al problema de Josué con su enojo. Deben dejar de hacer todo aquello que le esté provocando a ira. Al dejar de provocarle, podrán facilitarle el corregir el problema de su ira. El hogar centrado en el niño en que vive Josué, una situación de la cual ustedes son responsables, probablemente es una entre varias provocaciones de los padres que deben atenderse si en verdad desean ayudarle a arrepentirse de sus frecuentes episodios de ira».

Durante el resto de la primera sesión de consejería (con sus correspondientes deberes para hacer en casa), nos dedicamos, al igual que en las dos siguientes, a identificar y tratar de eliminar aquellas provocaciones de ambos padres que probablemente estaban afectando el comportamiento de Josué. Para cuando tuve mi primera sesión a solas con el niño, su conducta ya había comenzado a mejorar, pese a que había ocupado las primeras tres sesiones en aconsejar únicamente a sus padres. A lo largo de mi ministerio con padres atribulados ha habido un par de ocasiones en las que ni siquiera fue necesario aconsejar al hijo. Si esto sucedió fue porque, en esos casos, las provocaciones eran pocas y los padres estuvieron dispuestos a reconstruir por entero sus vidas conforme a las prioridades bíblicas.

Aunque no agotan la lista, las siguientes veinticinco condiciones o comportamientos representan algunas de las formas más comunes en que los padres provocan a ira a sus hijos.

Veinticinco maneras en que los padres provocan a ira a sus hijos

1. Falta de armonía marital

«Por tanto, dejará el hombre a su padre y a su madre, y se unirá a su mujer, y serán una sola carne» (Génesis 2.24).

«Mirad bien, no sea que alguno deje de alcanzar la gracia de Dios; que brotando alguna raíz de amargura, os estorbe, y por ella muchos sean contaminados» (Hebreos 12.15).

Quizás la mayor provocación a ira al tratar con niños sean unos padres que no vivan en la armonía que prescriben las Escrituras. El versículo arriba mencionado que contiene la expresión «una sola carne» aparece un total de cinco veces en la Biblia. Si una pareja no es capaz de desarrollar la intimidad del tipo «una sola carne» que Dios diseñó para el matrimonio, otros problemas se desarrollarán con el tiempo. De éstos, uno de los más comunes es que cada cónyuge sea tentado a desarrollar un nivel de intimidad más profundo con algo o alguien en sustitución de su cónyuge. Típicamente, el marido desarrolla vínculos más cercanos con colegas del trabajo o compañeros de entretenimiento. La esposa por su parte suele desarrollar una relación espiritual desbalanceada con sus hijos. Una vez que ello ocurre, es cuestión de tiempo para que ese hogar empiece a centrarse en el niño.

Otra correlación entre la falta de armonía marital y los hijos airados es el efecto contaminante que tiene la amargura sobre los demás. A medida que el niño observa el resentimiento que resulta de la falta de armonía entre sus padres, se vuelve más susceptible a adquirir pensamientos, motivos, actitudes y actos de amargura que ha visto modelados por sus padres. Considere de nuevo Hebreos 12.15: «Mirad bien, no sea que alguno deje de alcanzar la gracia de Dios; que brotando alguna raíz de amargura, os estorbe, y por ella muchos sean contaminados». Los niños son los «muchos» con mayores probabilidades de contaminarse cuando mamá y papá conviven en amargura. Recuerde también que la amargura es uno de los eslabones en la cadena descendente que va de la ira a la rebelión. Si puede evitar que sus hijos sean presa de la amargura, habrá avanzado un buen trecho en prevenir la progresión del enojo a la rebeldía característicos.

2. Establecer y mantener un hogar centrado en el niño

«La vara y la corrección dan sabiduría; mas el muchacho consentido avergonzará a su madre» (Proverbios 29.15).

Permítame agregar un punto sobre los hogares centrados en el niño. Cuando los padres no establecen un hogar claramente centrado en Cristo (es decir, uno en el que cada miembro entiende su responsabilidad bíblica hacia la familia y está comprometido a agradar a Cristo más que a sí mismo), es probable que el niño se convierta en el centro del hogar. Si marido y mujer no se esfuerzan por una relación más estrecha entre ellos que con sus hijos, el niño se puede percibir a sí mismo como un igual, en lugar de un subordinado. En tales familias «democráticas», los niños tienden a enfadarse cuando sus deseos no se valoran al mismo nivel que los deseos de sus padres.

3. Ser un modelo de enojo pecaminoso

«No te entremetas con el iracundo, ni te acompañes con el hombre de enojos, no sea que aprendas sus maneras, y tomes lazo para tu alma» (Proverbios 22.24, 25).

¿Ha caído enlazado su hijo por emular cualquiera de los arranques de ira suyos? Cuando usted o su cónyuge ofrecen un ejemplo de enojo pecaminoso a sus hijos, sin proponérselo les pueden estar enseñando que la única manera de resolver los problemas es ganando. Los niños que observan con regularidad tales ejemplos negativos de comunicación, crecen a menudo sin los recursos bíblicos necesarios para resolver conflictos y problemas con las demás personas. Si usted o su cónyuge proyectan habitualmente un modelo inapropiado de ira, harían bien en leer dos veces este libro: la primera para concentrarse en corregir su propio problema; la segunda, para ayudar a su hijo a corregir el suyo.

4. Disciplinar mientras se está enojado

«Jehová, no me reprendas en tu furor, ni me castigues en tu ira» (Salmo 38.1).

Cuando uno está enojado es más fácil que se exceda al disciplinar a sus hijos. Su enojo puede ser percibido por el niño como un ataque personal. Y si percibe así la disciplina impuesta, sospechará probablemente que la motivación del padre para disciplinarle es la venganza y no la corrección. Si saca esa conclusión (una violación de 1 Corintios 4.5), será difícil para él no enojarse. El énfasis del pensamiento y de la consiguiente disciplina por parte de los padres debe estar en lo que el niño ha hecho al pecar contra Dios, no en cómo sus actos le han causado a usted alguna incomodidad, problema o vergüenza personal.

«Airaos, pero no pequéis; no se ponga el sol sobre vuestro enojo, ni deis lugar al diablo» (Efesios 4.26-27).

«Por esto, mis amados hermanos, todo hombre sea pronto para oír, tardo para hablar, tardo para airarse; porque la ira del hombre no obra la justicia de Dios» (Santiago 1.19-20).

Si descubre que le causa mayor turbación el que su hijo haya pecado contra usted que el que haya pecado contra Dios, debe, rápidamente y en oración, poner su corazón en un estado en el que los deseos personales sean puestos temporalmente a un lado. Debe estar dispuesto a dejar de lado sus derechos personales y perdonar la ofensa de su hijo contra usted, para concentrarse en cumplir sus obligaciones hacia Dios como padre. Sólo entonces podrá disciplinar a su hijo con la seguridad de que su pasión no constituye un enojo impío.

5. Reprender con severidad

«Ninguna palabra corrompida salga de vuestra boca, sino la que sea buena para la necesaria edificación, a fin de dar gracia a los oyentes» (Efesios 4.29).

«En Betania, mientras estaba él sentado a la mesa en casa de Simón, llamado el leproso, llegó una mujer con un frasco de alabastro lleno de un perfume muy costoso, hecho de nardo puro. Rompió el frasco y derramó el perfume sobre la cabeza de Jesús. Algunos de los presentes comentaban indignados: ¿Para qué este desperdicio de perfume? Podía haberse vendido por muchísimo dinero para darlo a los pobres. Y la reprendían con severidad» (Marcos 14.3-5 NVI).

Una de las palabras griegas de la que se derivaba el término reprender (en el texto anterior) significa «bufar con ira». Se usaba para describir el resoplido de los caballos. En su libro, *Hints on Child Training*,[6] publicado por primera vez en 1981, H. Clay Trumbull, a quien muchos consideran el fundador de la Escuela Dominical, nos explica:

> Reprender con severidad» es arremeter o injuriar con palabras violentas. La palabra misma parece tener un significado similar al de ladrar o rugir.
> Reprender con severidad es siempre la expresión de un espíritu malo, y de la pérdida del buen estado de ánimo... la esencia de la represión severa está en la multiplicación de palabras coléricas en la expresión de emociones fuertes, que aunque son eminentemente naturales, deberían ser tenidas bajo mejor control.

Si un niño ha hecho algo incorrecto, se necesita hablar con él; pero ningún padre debe hablar con el niño mientras no sea capaz de hablar con un tono natural de voz, y con palabras cuidadosamente controladas. Si el padre es tentado a hablar con desenfreno, o a multiplicar las palabras sin detenerse a sopesarlas, o a mostrar un estado de ánimo exaltado, su primer deber consistirá en lograr un total dominio propio. Hasta que ese control se consiga, no tiene caso que el padre intente aplicar medida correctiva alguna a sus hijos. La pérdida del dominio propio es una momentánea pérdida extrema del poder para controlar a los demás. Al dar órdenes o corregir a un niño, mientras menos y más serenas sean las palabras, mejor será. Un niño aprende pronto que la represión tiene menos poder que una amonestación serena; y hasta encuentra cierta satisfacción en esperar en silencio hasta que quien le reprende apague el sentimiento excedente apuntado hacia él. Hay sin duda momentos cuando las palabras pueden multiplicarse para explicar al niño la naturaleza y las consecuencias de su ofensa, y las razones por las que en el futuro debe hacer las cosas de manera diferente; pero tales palabras siempre se deben decir con amabilidad y sinceridad, con dominio propio. La represión severa, –es decir, censurar y protestar sin freno exhibiendo fuertes emociones, –nunca es válida como medio de entrenamiento y orientación de un niño.

6. No ser consistente con la disciplina

«Así que, al proponerme esto, ¿usé quizá de ligereza? ¿O lo que pienso hacer, lo pienso según la carne, para que haya en mí Sí y No? Mas, como Dios es fiel, nuestra palabra a vosotros no es Sí y No» (2 Corintios 1.17-18).

«Por cuanto no se ejecuta luego sentencia sobre la mala obra, el corazón de los hijos de los hombres está en ellos dispuesto para hacer el mal» (Eclesiastés 8.11).

En la disciplina que los padres aplican a sus hijos suelen encontrarse dos tipos de inconsistencia. La primera es cuando en la pareja existen diferentes estándares de disciplina. Por ejemplo, el padre corrige físicamente y la madre conversa con los hijos. El padre cree que cierto comportamiento es incorrecto, pero la madre no encuentra nada de malo en ello. Como regla, es recomendable que uno apriete un poco y el otro afloje un poco para unificar su enfoque en torno a la disciplina. De otra manera, los niños pueden confundirse con las filosofías o metodologías diferentes de sus padres sobre cómo educar a un hijo. El tiempo, esfuerzo y pensamiento que tome a los padres ajustar a las enseñanzas bíblicas su manera de hacer las cosas, será una valiosa (y necesaria) inversión que debe ahorrarles en los años venideros, horas de frustración y disciplina ineficaz.

La segunda manera en que los padres son inconsistentes con la disciplina consiste en vacilar de un día a otro en cuanto a cuáles comportamientos deben ser castigados, y/o cuán severo debe ser el castigo. Es necesario que los niños sepan que el «sí» de sus padres significa «sí», y su «no», «no». Deben aprender que cada ofensa será tratada con justicia y equidad, independientemente de la condición emocional, espiritual o física de sus padres en el momento de aplicar la disciplina.[7]

7. Tener dobles estándares

«Lo que aprendisteis y recibisteis y oísteis y visteis en mí, esto haced; y el Dios de paz estará con vosotros» (Filipenses 4.9).

Un padre que usa la Biblia para enseñar, censurar, corregir e instruir a sus hijos en justicia, pero que no está dispuesto a practicar la misma justicia bíblica en su propia vida, no sólo es un hipócrita, sino también un provocador hacia sus hijos. «Haz lo que digo, no lo que hago» es lo que se suele comunicar cuando los hechos no siguen a las palabras. Al margen de cómo se comunique el mensaje, cuando un hijo ve a sus padres (sus líderes espirituales) aplicar un doble estándar, eso atizará su enojo, como la hipocresía de los escribas y fariseos (los líderes espirituales de aquellos días) enojó con justa razón a Cristo.

8. Ser legalista

El legalismo al que me refiero es esa tendencia que eleva las reglas humanas al mismo nivel de responsabilidad que los mandamientos que Dios nos ha dado en las Escrituras. Dios ha concedido a cada pareja de padres cristianos la responsabilidad de desarrollar, partiendo de las Escrituras, una economía con base bíblica o una «ley de la casa» para que sus hijos cumplan. Esta colección de reglas contiene dos secciones básicas:

La ley de la Casa

REGLAS ORIENTADAS POR LA BIBLIA (La ley de Dios)	REGLAS DERIVADAS DE LA BIBLIA (La ley de los padres)
Amarás al Señor tu Dios Amarás a tu prójimo No mentirás No codiciarás No robarás Hijos, obedezcan a sus padres	Te irás a dormir a las 8:30 p.m. Arreglarás tu cama cada día Deberás comer verduras Guardarás tu ropa limpia Verás sólo una hora de televisión al día No te pondrás maquillaje hasta los 16 años

Figura 4. La ley de la Casa

Las reglas orientadas por la Biblia son aquellas que todos los hombres están obligados a obedecer porque Dios las ordena en Su Palabra. Algunos ejemplos obvios serían: Amarás al Señor tu Dios, amarás a tu prójimo, no mentirás, no codiciarás, no robarás, etc. Por otro lado, las reglas derivadas de la Biblia son aquellas que se basan en principios bíblicos; pero que estoy obligado a obedecer sólo mientras esté bajo la autoridad ordenada por Dios, en este caso, la autoridad de los padres sobre los hijos. Ejemplos de esto serían: Vete a dormir a las 8:30 p.m. los días entre semana, no te levantes de la mesa sin pedir permiso, cómete todas tus verduras, sólo podrás ver una hora de televisión al día y eso, después de haber hecho tus deberes.

Las padres deben desarrollar reglas específicas para sus hogares con el fin de promover la unidad en una casa de pecadores. Sin embargo, esta necesidad puede tornarse negligencia, si no se establece claramente la distinción entre dichas reglas humanas temporales y las reglas eternas de Dios. Esta negligencia produce a menudo niños que entienden mal, y que consecuentemente rechazan el verdadero cristianismo. Pueden crecer con una impresión general que les lleve a concluir que el «cristianismo» es una religión anticuada, seca, rígida y melindrosa, sin haber experimentado su poder para transformar las vidas.

Cristo solía contender con este tipo de legalismo encarnado por los líderes religiosos de Sus tiempos. Los escribas y fariseos mantenían, propagaban y estimaban la tradición oral —el Talmud— a tal grado que llegó a ser para ellos tan legal y obligatoria como las Escrituras. No habría estado mal que siguieran sus propias aplicaciones humanas de las Escrituras, «El que hace caso del día, lo hace para el Señor; y el que no hace caso del día, para el Señor no lo hace. El que come, para el Señor come, porque da gracias a Dios; y el que no come, para el Señor no come, y da gracias a Dios» (Romanos 14.6), pero quedaron atrapados en el legalismo tan pronto como impusieron sus tradiciones humanas sobre los demás, enseñando estas reglas como si fueran tan obligatorias como la Ley de Dios. Fue a estos líderes, incapaces de distinguir entre las reglas humanas y los mandamientos divinamente inspirados, a quienes Cristo repitió las palabras de Dios reveladas a Isaías, después de haberlos llamado hipócritas:

> «Este pueblo de labios me honra; mas su corazón está lejos de mí. Pues en vano me honran, enseñando como doctrinas, mandamientos de hombres» (Mateo 15.8-9).

Si este tipo de legalismo provocó justa indignación en el Señor Jesús, también podrá provocar enojo en su hijo.

Existe una distinción importante que los padres deben hacer entre estas dos secciones de «La ley de la Casa». Mientras que la ley de Dios nunca es apelable, las leyes de los padres sí lo son. Uno no puede decir dogmáticamente, sin ser legalista: «Es voluntad de Dios que las hijas no usen lápiz labial sino hasta los dieciséis años». Sin embargo, sí puede decir (si su convicción es firme en eso): «Estas son nuestras reglas de la casa. Si deseas apelar respetuosamente basándote en circunstancias atenuantes, lo reconsideraremos. Cuando seas adulto, tendrás tus propias reglas para sus hijos. Mientras tanto, tu responsabilidad es obedecer las reglas de la casa que hemos establecido basándonos en principios bíblicos. Si decides permitir que sus hijas usen lápiz labial a una edad más temprana, no interferiremos ni te diremos que tu decisión es errónea». Usted no puede hacer una promesa como ésta a sus hijos cuando han violado un mandamiento claro de la Escritura. De hacerlo así, significaría que usted mismo está prometiendo no cumplir el claro mandamiento de Mateo 15.8-9.

9. No reconocer que se está equivocado y no pedir perdón

«Por tanto, si traes tu ofrenda al altar, y allí te acuerdas de que tu hermano tiene algo contra ti, deja allí tu ofrenda delante del altar, y anda, reconcíliate primero con tu hermano, y entonces ven y presenta tu ofrenda» (Mateo 5.23-24).

«Confesaos vuestras ofensas unos a otros, y orad unos por otros, para que seáis sanados. La oración eficaz del justo puede mucho» (Santiago 5.16).

La renuencia de un padre a reconocer las ofensas que cometió contra sus hijos (y contra otros a quienes sus hijos saben que han ofendido), a menudo desalienta en los niños la práctica de una comunicación abierta conforme a la Biblia. Cuando los hijos perciben tal insensibilidad y orgullo en sus padres, pueden concluir equivocadamente: «No tiene caso tratar de hablar con él, nunca admitirá que hizo algo malo». Por supuesto, el criterio para tal comunicación no debe ser si Papá escuchará o no, sino si la ofensa es de tal naturaleza que no puede ser pasada por alto (Proverbios 19.11) o cubierta por el amor (Proverbios 10.12; 17.9). En otras palabras, debe enseñar a sus hijos a seguir lo prescrito en Mateo 18.15-17 como un aspecto básico de la relación con sus padres, sin importar la reacción de usted como padre. Para evitar provocar a sus hijos a la ira en asuntos de ofensas, le pediré que observe la figura 5. para que vea un enfoque bíblico de cuatro pasos dirigido a pedir el perdón de los hijos (o de cualquier persona) cuando les haya ofendido, y también que lea el Apéndice A, «¿Qué es Perdonar?» a fin de aprender más sobre este asunto vital para una educación bíblica y apropiada de los hijos.

Cómo Pedir Perdón

1. Reconozca que ha pecado:
«Estaba actuando mal» o «Dios me ha convencido de que estaba actuando mal...»

2. Identifique el pecado específico usando su nombre bíblico:
«Lo que hice fue egoísta» o «Lo que hice fue deshonesto».

3. Identifique un comportamiento bíblico para demostrar su decisión de arrepentirse:
«Debí aclarar lo que querías decir antes de sacar esa conclusión apresurada».
«La próxima vez diré la verdad sin que me importen las consecuencias».

4. Pida perdón:
«¿Me perdonas?»

10. Encontrar constantemente fallas

«Entonces Eliú... se encendió en ira contra Job... Asimismo se encendió en ira contra sus tres amigos, porque no hallaban qué responder, aunque habían condenado a Job» (Job 32.2-3).

Eliú se indignó justamente al observar cómo los tres amigos de Job lo condenaban sin precisar exactamente qué había hecho mal. A lo que me refiero aquí no es a la responsabilidad paterna de señalar en sus hijos el comportamiento pecaminoso y las deficiencias de carácter, sino a la actitud crítica, condenatoria y acusadora, que a menudo acompaña a los intentos legítimos de reprensión. Me refiero al tipo de «espíritu» que conduce a un hijo a creer que sus padres nunca, o raras veces, están complacidos con él.

Cuando el Señor Jesús reprendió a la iglesia de Éfeso por perder su primer amor, comenzó enumerando lo que le agradaba de ellos (Apocalipsis 2). Quizás la protección más efectiva contra esta provocación es que los padres se propongan elogiar, encomiar y reconocer desde un punto de vista bíblico los logros de sus hijos con más frecuencia que reprenderlos. Esto no implica una reducción de las reprensiones, sino que sugiere un aumento de los elogios. Si como padre usted tiene tendencia a criticar a sus hijos por todo, le sugiero que memorice y medite lo siguiente:

«La cordura del hombre detiene su furor, y su honra es pasar por alto la ofensa» (Proverbios 19.11).

Recuerde que aunque tiene la responsabilidad de identificar los defectos del carácter de sus hijos con fines de entrenamiento y corrección, no siempre es necesario convertir cada pecado no característico (no habitual) en un pequeño sermón.

11. Invertir los papeles dados por Dios a los Padres

«Las casadas estén sujetas a sus propios maridos, como al Señor; porque el marido es cabeza de la mujer, así como

Cristo es cabeza de la iglesia, la cual es su cuerpo, y él es su Salvador. Así que, como la iglesia está sujeta a Cristo, así también las casadas lo estén a sus maridos en todo» (Efesios 5.22-24).

Cuando se viola el orden de Dios en el hogar, varias consecuencias tienden a ponerse en marcha. Estas crean en el seno de la familia un ambiente que promueve la frustración. Las esposas tienden a amargarse con sus esposos por no manejar el hogar como dice la Biblia. Los esposos tienden a amargarse y a perder respeto por sus esposas que no están cumpliendo las funciones ordenadas por Dios.

Esposos y esposas pueden batallar con la culpa que surge a menudo cuando los papeles bíblicos se invierten. Los niños que saben lo que enseña la Biblia sobre tales cosas tienden a ver la relación de sus padres como un doble estándar. Incluso pueden resentir la usurpación de la autoridad del esposo por parte de la madre, o que su padre no maneje bien el hogar, o ambas cosas. Adicionalmente, los hijos pueden sentirse inseguros y confundidos en cuanto a los papeles propios de su género. Puede que no deseen imitar el comportamiento de sus padres, pero no tienen otros ejemplos de primera mano que imitar. Estas consecuencias pueden frustrar a los niños y provocarlos a ira.

12. No escuchar la opinión del hijo o no tomar en serio su «versión de la historia»

«Al que responde palabra antes de oír, le es fatuidad y oprobio» (Proverbios 18.13).

«Justo parece el primero que aboga por su causa; pero viene su adversario, y le descubre» (Proverbios 18.17).

Puede que usted no siempre concuerde con el razonamiento, las conclusiones y las opiniones de su hijo, pero si desea orientarlo por el camino de la verdad, necesitará entender su perspectiva. Además, al no esforzarse por entenderla, puede comunicarle actitudes pecaminosas como la arrogancia, la impaciencia, la apatía y la falta de amor. Gente de todas las edades se inclina a traducir el rechazo a sus ideas como un rechazo a sus personas. Naturalmente, a los hijos se les debe enseñar a asimilar una reprensión basada en la Biblia y a no identificar el rechazo de sus ideas como un rechazo personal. Sin embargo, cuando en esta área hay una barrera constante de insensibilidad paterna, los hijos concluyen rápidamente que a Mamá y Papá, como al necio de Proverbios, sólo les interesan sus propias opiniones.

13. Compararlo con otros

«Porque no nos atrevemos a contarnos ni a compararnos con algunos que se alaban a sí mismos; pero ellos, midiéndose a sí mismos por sí mismos, y comparándose consigo mismos, no son juiciosos» (2 Corintios 10.12).

Dios da a cada niño dones y talentos únicos. Adán le dio a cada niño (por medio de la transmisión del pecado [Romanos 5.16-19]) un corazón dispuesto hacia toda clase de malos pensamientos y motivaciones. Un niño debe aprender desde temprana edad a no tener de sí mismo un concepto más alto del que debe tener; sino a pensar de sí con cordura, conforme a la medida de la fe que Dios repartió a cada uno (Romanos 12.3).

Por otro lado, los padres deben tomar en serio la advertencia de Pablo en 2 Corintios 10.12 y evitar comparar a sus hijos (favorable o desfavorablemente) con otros niños. Pueden hacerse comparaciones inspiradas en la Biblia siguiendo dos direcciones:

Mirando hacia adelante —comparando dónde se encuentra actualmente el niño con el estándar de madurez bíblico demostrado por Jesucristo (Efesios 4.13-15; 2 Corintios 3.18).

Mirando hacia atrás —comparando la actual madurez espiritual del niño con su madurez en varios momentos del pasado (Romanos 1.3-12; Apocalipsis 2.2-5).

14. No separar tiempo «sólo para platicar»

«Por esto, mis amados hermanos, todo hombre sea pronto para oir, tardo para hablar, tardo para airarse» (Santiago 1.19).

«Tiempo de callar, y tiempo de hablar» (Eclesiastés 3.7).

Sin comunicación es imposible establecer relaciones. En el grado (y sólo en ese grado) en que Dios se ha revelado en la Biblia es que podemos tener una relación con Él. La relación entre padres e hijos se fortalece a medida que se revelan los unos a los otros por medio de formas diversas de comunicación. La revelación de uno mismo es un requisito bíblico para tener una relación efectiva.

No se establecen relaciones fuertes entre padres e hijos cuando Papá y Mamá permiten que las presiones y los placeres de la vida les impidan pasar suficiente tiempo en el proceso de revelación/comunicación. Además de provocar a ira a sus hijos, este debilitamiento de la relación entre padres e hijos motiva a los niños a construir relaciones más estrechas con sus amigos que con sus padres.

15. No elogiar o animar a su hijo

«Yo conozco tus obras, y tu arduo trabajo y paciencia; y que no puedes soportar a los malos, y has probado a los que se dicen ser apóstoles, y no lo son, y los has hallado mentirosos; y has sufrido, y has tenido paciencia, y has trabajado arduamente por amor de mi nombre, y no has desmayado. Pero tengo contra ti, que has dejado tu primer amor» (Apocalipsis 2.2-4).

Es importante que el Señor Jesucristo, cuando reprendió a la iglesia de Éfeso, haya comenzado con alabanzas. Cuando un cristiano se evalúa a sí mismo (como lo hace constantemente toda persona), es vital que se evalúe atinadamente. La percepción correcta de uno mismo demanda una clara comprensión no sólo de lo que está mal y necesita corrección, sino también de lo que está bien y agrada a Dios. Muy a menudo los padres se concentran en lo malo, y en consecuencia, sus hijos tienden a hacer una valoración inadecuada de sí mismos. Su autopercepción se distorsiona, en vez de ser sobria (Romanos 12.3) y verdadera (Filipenses 4.8). Sugiero que los padres aprendan a mantener a sus hijos bañados en una solución de alabanza, para que cuando la reprensión y la corrección se administren, sean percibidas como un elemento más del equilibrado amor bíblico.

16. No cumplir sus promesas

«Pero sea vuestro hablar: Sí, sí; no, no; porque lo que es más de esto, de mal procede» (Mateo 5.37).

«Aun jurando en daño suyo, no por eso cambia... El que hace estas cosas, no resbalará jamás» (Salmo 15.4-5).

«No os mintáis los unos a los otros, habiéndoos despojado del viejo hombre con sus hechos» (Colosenses 3.9).

Las promesas y compromisos se suelen hacer con toda la intención de cumplirlos y sin intención de engañar. Sin embargo, la frustración de un niño se convierte en enojo cuando promesas y compromisos no se cumplen metódicamente, independientemente de la razón, y no se hace nada para disolver el contrato según los preceptos bíblicos (ver Proverbios 6.1-5) o no se pide perdón al niño por no cumplir lo prometido. Al alargarse la cadena de promesas incumplidas y el niño ver a sus padres cada vez menos dignos de confianza, su enojo puede incrementarse proporcionalmente.

Muchas respuestas pueden ocurrir en el corazón de un niño cuyas esperanzas han sido desmenuzadas por incumplimiento de promesas. A menos que se les enseñen las respuestas bíblicas apropiadas, pueden enfrentar alguna de las siguientes emociones:

▶ *Decepción y desánimo*
▶ *Sospecha y cinismo —falta de voluntad para confiar*
▶ *Rechazo —sentimientos lastimados*
▶ *Amargura y resentimiento*
▶ *Pérdida del respeto o menosprecio de los padres*
▶ *Pensar que no se es amado*

Cualquiera de ellas, si no se trata bíblicamente, puede con facilidad desembocar en ira, y luego, en rebelión.

17. Castigar delante de otros

«Por tanto, si tu hermano peca contra ti, vé y repréndele estando tú y él solos; si te oyere, has ganado a tu hermano» (Mateo 18.15).

¿Por qué tantos padres cristianos pasan por alto uno de los pasajes de la Biblia más fundamentales sobre la disciplina? Quizás debido a que leemos la palabra «hermano», pensamos inmediatamente en algún miembro de la iglesia con quien hemos tenido o tenemos actualmente un conflicto. Al margen del porqué de éste, la instrucción de nuestro Señor en Mateo 18.15-20, cuando se aplica apropiadamente al conflicto familiar, protegerá a cada miembro del abuso y evitará que las acciones pecaminosas se conviertan en hábitos pecaminosos. Recuerda, su hijo o hija creyente es ante todo y de manera permanente tu hermano. Sólo después y de manera temporal es su hijo.

El principio disciplinario que se deriva de este versículo es que el círculo de confesión y corrección debe ser tan grande como el círculo de la ofensa. Si su hijo peca en presencia de otros, en su presencia puede ser amonestado verbalmente (pero no disciplinado físicamente). Sin embargo, si su pecado no es público, el proceso disciplinario debe ser manejado entre el padre y el hijo. Cuando violamos la instrucción clara de Cristo disciplinando a un hijo delante de otros por pecados que cometió en privado, pecamos contra Dios y contra el niño.

18. No permitir suficiente libertad

«Pero la sabiduría que es de lo alto es primeramente pura, después pacífica, amable, benigna, llena de misericordia y de buenos frutos, sin incertidumbre ni hipocresía» (Santiago 3.17).

«Porque a todo aquel a quien se haya dado mucho, mucho se le demandará; y al que mucho se le haya confiado, más se le pedirá» (Lucas 12.48).

En vez de que los hijos esperen que sus padres les entreguen la libertad en bandeja de plata, deben estar dispuestos a ganársela, demostrando que son fieles. La fidelidad comprende demostrar a Dios y a los demás que se nos puede confiar mayor libertad, partiendo de por lo menos dos criterios: nuestro cumplimiento exitoso de responsabilidades específicas y nuestra capacidad demostrada para tomar decisiones bíblicamente sabias.

Los niños se exasperan, desaniman y hasta se dan por vencidos cuando comienzan a demostrar tal tipo de fidelidad y los padres no les recompensan con una libertad y confianza proporcionales a su nivel de actuación. Entre las razones más comunes por las que los padres no conceden a sus hijos suficiente libertad se encuentran: sobreprotección, inseguridad, temor, estándares no bíblicos basados en la tradición en vez de las Escrituras, deseos irreales de tener hijos perfectos, y preocupación por lo que podrían pensar los demás. Al no recompensar la fidelidad con la libertad necesaria, los padres pueden entorpecer el desarrollo de una forma de motivación que es inherentemente bíblica: el deseo de ganarse la confianza de otros.

19. Permitir demasiada libertad

«La vara y la corrección dan sabiduría; mas el muchacho consentido avergonzará a su madre» (Proverbios 29.15).

«Entre tanto que el heredero es niño ... está bajo tutores y curadores hasta el tiempo señalado por el padre» (Gálatas 4.1-2).

Otros problemas se desarrollan cuando se permite a los niños (1) practicar en forma habitual cualquier comportamiento pecaminoso, o (2) participar en actividades no pecaminosas antes de demostrar los niveles apropiados de responsabilidad y madurez (por ejemplo, tener libertad para disponer de grandes sumas de dinero sin saber cómo vivir sujeto a un presupuesto equilibrado según lo que enseña la Biblia), o (3) vivir una vida indisciplinada, permitiéndoseles casi cualquier cosa que su corazón desee con gratificación instantánea. Se debe enseñar a los hijos cómo arrepentirse, cómo ser responsable y cómo vivir una vida de disciplina personal. Los padres sufrirán junto con ellos si descuidan estas responsabilidades disciplinarias.

Los niños pueden aprender pronto la verdad de que Dios equipara la disciplina y el amor:

«Porque el Señor al que ama, disciplina, y azota a todo el que recibe por hijo. Si soportáis la disciplina, Dios os trata como a hijos; porque ¿qué hijo es aquel a quien el padre no disciplina? Pero si se os deja sin disciplina, de la cual todos han sido participantes, entonces sois bastardos, y no hijos. Por otra parte, tuvimos a nuestros padres terrenales que nos disciplinaban, y los venerábamos. ¿Por qué no obedeceremos mucho mejor al Padre de los espíritus, y viviremos?» (Hebreos 12.6-9)

Los niños que crecen en hogares con harta libertad e insuficiente disciplina pueden fácilmente concluir que no son amados en verdad por sus padres.

20. Burlarse de su hijo

«Mi aliento se agota, se acortan mis días, y me está preparado el sepulcro. No hay conmigo sino escarnecedores, en cuya amargura se detienen mis ojos» (Job 17.1-2).

«Y Jehová le respondió: ¿Quién dio la boca al hombre? ¿O quién hizo al mudo y al sordo, al que ve y al ciego? ¿No soy yo Jehová?» (Éxodo 4.11)

Los padres nunca deben ridiculizar a sus hijos o burlarse de ellos. Especialmente me preocupan dos categorías de mofa. Primero, no debes mofarte de las imperfecciones con las cuales el niño nada puede hacer. No es lícito para los padres ridiculizar a sus hijos por cosas que nada tienen que ver con agradar a Dios. Ejemplos de posibles objetos de burla en esta categoría incluirían la inteligencia, la habilidad atlética, las características físicas y la coordinación motriz del niño. Estas son características personales no pecaminosas. Según Éxodo 4.11 y el Salmo 139.13-16, Dios asume la responsabilidad por prescribir estos rasgos en cada persona antes del nacimiento.

Lo segundo que no debemos hacer es burlarnos de aquellas cosas que sí son pecaminosas. ¿Deberían los cristianos reírse de cosas por las que Dios envió a morir a su Hijo? El pecado no es cosa de risa. El comportamiento pecaminoso en los niños, especialmente si es recurrente, debe tratarse con sobriedad y no con frivolidad.

21. Abusar físicamente de ellos

«[El obispo debe ser] no pendenciero,... sino amable» (1 Timoteo 3.3).

«Y viendo el asna al ángel de Jehová, se echó debajo de Balaam; y Balaam se enojó y azotó al asna con un palo. Entonces Jehová abrió la boca al asna, la cual dijo a Balaam: ¿Qué te he hecho, que me has azotado estas tres veces? Y Balaam respondió al asna: Porque te has burlado de mí. ¡Ojalá tuviera espada en mi mano, que ahora te mataría!» (Números 22.27-29)

Cuando Balaam se enojó con su asna por no satisfacer sus expectativas, le pegó a la bestia con un palo. Y continuó diciendo que si hubiera tenido una espada habría matado al asna. Por supuesto, los niños no son bestias. Pero un padre furioso puede tratarlos como tales. Se pueden mencionar varios paralelos entre el enojo pecaminoso de Balaam y un padre ciego de furia. Mencionaré tres:

1. Balaam le pegó al asna precipitadamente, antes de informarse bien. Como padres, antes de sacar conclusiones precipitadas y disciplinar a nuestros hijos injustamente, debemos estar seguros de contar con toda la información pertinente.

2. Balaam le pegó al asna porque el asna lo incomodó. Debemos asegurarnos de que nuestra motivación para disciplinar tiene una base bíblica y no egoísta. Es vengativo y abusivo disciplinar a nuestros hijos por razones egoístas como que nos hagan pasar una vergüenza o que no satisfagan nuestras expectativas.

3. Balaam había perdido el control. (¡Habría matado a su fiel asna de haber tenido los medios para hacerlo!) Nosotros debemos disciplinar a nuestros hijos sólo cuando hayamos logrado controlar nuestro propio enojo y sea poco probable que les hagamos daño.

22. Ridiculizarlos o ponerles apodos

«Ninguna palabra corrompida salga de vuestra boca, sino la que sea buena para la necesaria edificación, a fin de dar gracia a los oyentes» (Efesios 4.29).

Tal vez usted piense: «¡Espere un momento! Jesús puso sobrenombres a la gente, también Pablo lo hizo, y muchos profetas bíblicos. ¿Por qué no puedo llamar con motes a mis hijos?» Bueno, sí puede hacerlo, siempre y cuando el que le ponga cumpla con los preceptos bíblicos. Los únicos nombres que debe usar para describir a sus hijos (o a cualquier otra persona) son los que la Biblia emplea para describir a ciertas categorías de personas. Aun los legítimos sobrenombres bíblicos deben utilizarse si existe suficiente evidencia que sugiera esa categoría.

Clasificaciones como perezoso, necio, engañoso, egoísta e idólatra son utilizadas por Dios para identificar a aquellos individuos que se han entregado tanto a un pecado particular, que su vida es dominada y caracterizada por el mismo. Otros remoquetes como idiota, imbécil, hombre de paja, gordinflón y cabeza hueca no se ajustan al criterio bíblico.

Además, los calificativos bíblicos que se usan para describir conductas pecaminosas deben emplearse sólo cuando en la vida del niño se reitera un pecado particular en tal grado que afecta obviamente varias áreas de su vida (hogar, escuela, iglesia, social, salud, etc.) Cuando se hace necesario mostrar a un hijo que su vida está asumiendo características inaceptables, los sobrenombres bíblicos deben usarse como herramienta didáctica, no como un arma. Como herramienta, sirven para motivar al niño a cambiar. Como arma, avergüenzan, apenan o denotan hostilidad hacia el niño y tienen una naturaleza esencialmente punitiva.

23. Expectativas irreales

«Cuando yo era niño, hablaba como niño, pensaba como niño, juzgaba como niño» (1 Corintios 13.11).

La Biblia reconoce que los niños piensan, hablan y razonan en forma diferente a los adultos. El proceso mediante el cual crecen y se desarrollan toma tiempo. Además, los niños crecen a diferentes ritmos. Los padres deben considerar estos factores cuando se crean expectativas respecto de sus hijos.

No debemos establecer estándares o expectativas en torno a nuestros hijos que ellos no sean capaces de cumplir debido a su nivel de desarrollo. Las Escrituras definen claramente los estándares y expectativas a que debemos atenernos. Debemos enfatizar el carácter y no los logros. Por ejemplo, un carácter piadoso se demuestra haciendo el mayor esfuerzo para la gloria de Dios, no sacando calificaciones perfectas en la escuela. También debe tomarse en cuenta la realidad de que los niños son pecadores y que, por lo tanto, pecarán. No debe entonces sorprender a los padres si incluso niños con una disposición normal afable muestran ocasionalmente corazones pecaminosos.

24. Practicar el favoritismo

«Y su hijo mayor estaba en el campo; y cuando vino, y llegó cerca de la casa, oyó la música y las danzas; y llamando a uno de los criados, le preguntó qué era aquello. Él le dijo: Tu hermano ha venido; y tu padre ha hecho matar el becerro gordo, por haberle recibido bueno y sano. Entonces se enojó, y no quería entrar. Salió por tanto su padre, y le rogaba que entrase. Mas él, respondiendo, dijo al padre: He aquí, tantos años te sirvo, no habiéndote desobedecido jamás, y nunca me has dado ni un cabrito para gozarme con mis amigos. Pero cuando vino este tu hijo, que ha consumido tus bienes con rameras, has hecho matar para él el becerro gordo» (Lucas 15.25-30).

El hermano mayor del hijo pródigo se enojó cuando percibió (equivocadamente) que su padre mostraba favoritismo hacia su hermano menor. Puesto que los hermanos son diferentes, deben ser tratados de manera individual. Sin embargo, la medida por la cual cada niño es evaluado y por la cual los padres responden a cada hijo debe ser idéntica para todos. Esto no lo entendió el hermano mayor, y por tanto, malinterpretó las motivaciones de su padre.

Consideremos un termómetro: Cuando se coloca en un refrigerador, puede registrar 3 grados centígrados; si se le coloca sobre la mesa de la cocina, 22 grados. Sin embargo, dentro del horno puede llegar a registrar ¡204 grados! ¿Cambió alguna vez el termómetro? ¿Dejó de registrar fielmente la temperatura? ¿Dejó de ser un termómetro para convertirse en un reloj de pulsera? ¡Por supuesto que no!

Lo que cambió no fue el termómetro, sino el ambiente o las circunstancias. De igual manera, cuando un hijo observa cierto trato que su hermano recibe de sus padres en circunstancias diferentes a las suyas, necesita saber que será tratado por sus padres de manera similar (con justicia) si se encontrara alguna vez en igual o similar circunstancia.

25. Educar al niño con una metodología mundana en desacuerdo con la Palabra de Dios.

«Y vosotros, padres, no provoquéis a ira a vuestros hijos, sino criadlos en disciplina y amonestación del Señor» (Efesios 6.4).

¿Se fijó en la palabra «sino» en Efesios 6.4? Aquí se contrastan dos formas de hacer las cosas. Si usted cria a sus hijos como es debido, en la disciplina e instrucción del Señor, no les provocará a ira, pero si se vale del consejo de la psicología humana, seguramente lo hará. El uso de técnicas de modificación de la conducta y terapia cognitiva diseñadas para reemplazar a Cristo y a las Escrituras con «sabiduría» humana (Proverbios 16.25) no puede producir en ningún niño iracundo los frutos del Espíritu. Asegúrese de que todos los medios y métodos que use para entrenar a su hijo estén validados por las Escrituras. Sólo entonces evitará provocar a sus hijos a ira y los criará en la disciplina e instrucción del Señor.

Bueno ¿y cómo le ha ido? ¿De cuántas maneras, usted y su cónyuge han provocado a ira a sus hijos? Recuerde, el enojo de su hijo es un pecado de él, pero usted es ciento por ciento responsable ante Dios de aquellos pecados propios que provocan la ira de su vástago. Si admite haber exasperado y provocado a ira a sus hijos, le sugiero con urgencia los siguientes pasos (ver figura 6, abajo) para comenzar a crear un ambiente familiar que ayude a sustituir el enojo con amor, bondad, amabilidad y el perdón de Cristo.

Arrepentimiento por provocar a ira a los hijos

1. Identifique las formas específicas en que ha provocado a ira a sus hijos: Leer Efesios 6.4.
2. Confiese a Dios estos pecados: Leer 1 Juan 1.9.
3. Pida perdón a su hijo por pecar en su contra: Leer Apocalipsis 24.16; repase el punto #9 de este capítulo.
4. Desarrolle con ayuda de su hijo un plan para reemplazar esos comportamientos pecaminosos con alternativas bíblicas. Leer Proverbios 28.13.
5. Considere maneras específicas en las que podría provocar a sus hijos al amor y las buenas obras: Leer Hebreos 10.24.

Figura 6. Arrepentimiento por provocar a ira a los hijos

Preguntas

1. ¿Hasta qué punto cree usted ser responsable por los problemas de ira de sus hijos?
2. ¿Hasta qué punto cree ser responsable de provocar esos problemas?
3. ¿Cuáles entre las reglas de su casa son orientadas por la Biblia y cuáles se derivan de ella?
4. ¿En qué principios bíblicos se basan las reglas de su casa derivadas de la Biblia?
5. ¿De cuáles entre las 25 infracciones que provocan a ira es usted más culpable? (Relacione las cinco principales ordenándolas de las más frecuentes a las menos frecuentes.) Ponga dos ejemplos recientes de cada una. Discuta con su cónyuge (o con su consejero cristiano) cuáles pasos bíblicos puede dar para corregir cada provocación. Escriba el plan y revíselo semanalmente hasta que los problemas hayan sido corregidos.

3
Actitudes de enojo

Cuando ya estaba listo para ver a Josué por primera vez (después de dos o tres sesiones previas con sus padres) fui capaz de persuadirlo sin mucha dificultad de que él estaba enojado. He descubierto que la mayoría de los individuos iracundos reconocen rápidamente su problema con la ira. Dice en Proverbios 14.10: «El corazón conoce la amargura de su alma».

Comencé la sesión con Jim, Linda y Josué, explicando los dos extremos del enojo pecaminoso —la ventilación y la interiorización. Lo expliqué en el pizarrón blanco con la ayuda del popular ejemplo de Jay Adams.

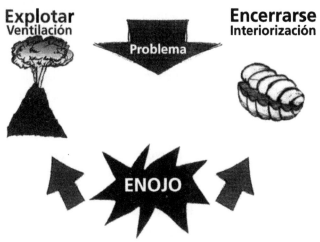

Figura 7. Los dos extremos pecaminosos del enojo

Luego les expliqué: «Cuando uno enfrenta un problema, cabe la posibilidad de enojarse. El enojo tiene potencial para ser bueno o malo (justo o pecaminoso). Hay dos manifestaciones extremas del enojo pecaminoso que la gente experimenta a menudo. En un extremo del espectro está la interiorización. Algunas personas se encierran en sí mismas cuando están enojadas. Estos individuos se retiran emocionalmente, lloran, hacen pucheros, se ponen malhumorados en silencio, se van a otra habitación, o a dar un paseo (sin haberse comprometido a resolver el conflicto después), y emplean una táctica de frialdad».

«En el otro extremo del espectro está la ventilación. El necio da rienda suelta a toda su ira (Proverbios 29.11). Algunas personas «explotan» cuando se enojan. Estos individuos levantan la voz, profieren apelativos ofensivos, insultan, arrojan, golpean y patean objetos, recurren al sarcasmo y a otros actos diversos de venganza».

En este punto le pedí a cada miembro de la familia que se examinase y reconociese sus tendencias a explotar o encerrarse. Luego les pedí que identificaran las formas específicas en que se manifiestan esas tendencias. Mientras cada uno procuraba identificar sus formas específicas de reaccionar, traté de ayudarles a ver las consecuencias de sus reacciones.

«El enojo es una emoción que Dios nos dio con el propósito de destruir algo». Le pregunté a Linda, más propensa a interiorizar: «Si nos encerramos ¿A quién estamos destruyendo con nuestro enojo?»

«A nosotros mismos».

Luego le pregunté a Jim, quien tenía inclinación hacia la ventilación: «Si explotamos, ¿A quién estamos destruyendo con nuestro enojo?»

«A las personas ante las cuales explotamos».

«¡Exactamente!»[8]

Haciendo referencia de nuevo al diagrama de Adams, les pregunté: «¿Qué suponen ustedes que Dios quiere que destruyan con su enojo?»

«El problema», respondió Josué.

«¡Correcto! Dios espera que apuntemos nuestro enojo, bajo Su control, contra el problema».

Completando el diagrama, seguí explicando. (Ver figura 8.) «¿Han notado que cuando nos enojamos hay generalmente otra persona involucrada? Puesto que la mayoría de nuestros problemas incluyen a otras personas, casi siempre es necesaria una cosa para transferir el enojo de nuestros corazones hacia el problema. ¿Saben qué es?»

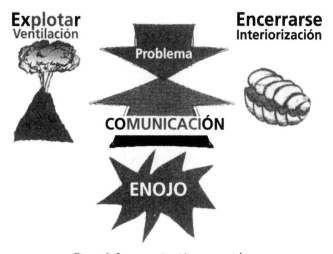

Figura 8. La comunicación es esencial

«Me imagino que hablar acerca del problema», respondió Josué. «¡Correcto! La comunicación es indispensable para resolver el problema. Esto significa que si ustedes como familia van a resolver sus problemas de enojo, deben aprender a comunicarse. De hecho, no creo que los vayan a resolver sin proponerse la meta de ser expertos en las habilidades bíblicas de la comunicación».

Si hay algo en que los cristianos deberían hacerse expertos es precisamente la comunicación. Puede que le sorprenda saber que a usted, como cristiano, se le ordena en las epístolas del Nuevo Testamento comunicarse en, por lo menos, 45 formas diferentes. Estas son sólo las que aparecen en las epístolas del Nuevo Testamento, sin incluir el resto del Nuevo Testamento y el Antiguo

Testamento, y sin incluir los ejemplos o principios de comunicación que se encuentran en toda la Biblia. Se podría y se debería escribir volúmenes enteros sobre este asunto. Pero para los fines de este libro, sólo mencionaremos algunos conceptos útiles, unos en este capítulo, y otros, en los capítulos siguientes.

El pastel de la comunicación

Continué mi presentación con lo que llamo el diagrama del «pastel de la comunicación».

«Al estar hablando aquí ante ustedes, me estoy comunicando con mucho más que puras palabras. También me comunico con el tono de mi voz y con mi comunicación no verbal. Estos tres elementos desempeñan un papel vital en la comunicación cara a cara».

Figura 9. El pastel de la comunicación

Puesto que la Biblia habla de todos los aspectos de la comunicación, el cristiano debe proponerse ser un experto en estas tres áreas. Primero, debemos considerar las palabras mismas. Debemos dar a nuestras palabras el mayor énfasis porque la Biblia habla con harta frecuencia acerca de su importancia. «Las palabras de los sabios son como aguijones» (Eclesiastés 12.11, ver también 1 Corintios 2.13;

Efesios 4.29). Los siguientes son ejemplos del poder de las palabras:

- *Con palabras … la gente puede ser motivada, animada, herida o sanada.*
- *Con palabras … los conflictos pueden resolverse y los problemas de la gente pueden solucionarse.*
- *Con palabras … se comunica el significado preciso.*
- *Con palabras … Dios se revela a sí mismo al ser humano.*
- *Con palabras … comunicamos a otros el Evangelio.*
- *Con palabras … nuestras mentes comprenden la verdad de Dios.*
- *Con palabras de las Escrituras … que han sido interiorizadas por el cristiano, el Espíritu Santo obra para transformar nuestras vidas a imagen de Cristo.*
- *Con palabras … el hombre de Dios trae doctrina, reprensión, corrección e instrucción en justicia.*
- *Con palabras … el hombre será justificado.*
- *Con palabras … el hombre será condenado.*

Si es que hay un momento en el que el creyente debe premeditar lo que va a decir, es en esas circunstancias en que es más probable que se enoje. Cuando un hombre está enojado (o experimentando otras emociones intensas), corre un riesgo mayor de pecar con sus palabras. A los niños se les debe enseñar a escoger con cuidado sus palabras, especialmente cuando existe un problema que los mantiene enojados:

«El corazón del justo piensa para responder» (Proverbios 15.28).

«El corazón del sabio hace prudente su boca, y añade gracia a sus labios» (Proverbios 16.23).

La segunda rebanada del pastel de la comunicación es el tono de la voz. Debemos decir las palabras justas en un tono apropiado.

Los niños probablemente provocan a sus padres a ira con mayor rapidez por ser irrespetuosos que por cualquier otro comportamiento indebido. Pero la mayoría de las veces es más el tono de la voz del niño que sus palabras, lo que comunica la falta de respeto. Por supuesto, la falta de respeto no es la única actitud que se comunica mediante el tono de la voz. Por ejemplo, la ira, la amargura, la venganza, la vergüenza, el miedo y otras actitudes que a menudo se presentan junto con el enojo son comunicadas a través de inflexiones de la voz.

El punto que estoy por mencionar ahora, se explica mejor en persona que por escrito, pero intentaré hacerlo lo mejor que pueda con ayuda de un diccionario de sinónimos. A esta altura de mi entrevista de consejería, le pedí a Josué que me hiciera alguna pregunta que pudiera respnder con un sí o un no.

Josué me preguntó: «¿Te gusta ser consejero?»

«Sí» le respondí con un tono de voz placentero, cálido, amigable, alegre y agradable. Como diciendo: «¡Disfruto la consejería tanto que es uno de mis más grandes deleites porque tengo la oportunidad de ver a la gente crecer y resolver sus problemas!»

Continué: «Ahora hazme de nuevo la misma pregunta».

«¿Te gusta ser consejero?»

«¡SÍ!», respondí. Esta vez con un tono de voz que era fuerte, abrupto, áspero, brusco, rudo, mordaz, enojado, cáustico y cortante. Como diciendo: «¡Esa es la pregunta más tonta que he escuchado en mi vida! ¿Realmente piensas que me aguantaría a chiquillos como tú si no me gustara mi trabajo?»

Espero que pueda captar la idea. Mis clientes generalmente la captan. El efecto del tono de la voz es tan grande que algunos expertos creen que es siete veces más poderoso que las palabras mismas en ciertas situaciones.

«La tercera rebanada del pastel de la comunicación es la comunicación no verbal. Esta incluye las expresiones faciales (semblante), gestos, contacto visual, postura, relación espacial y contacto físico (cuando sea apropiado)».

De nuevo, la Biblia también tiene mucho que decir acerca la comunicación no verbal. Sin embargo, los límites de nuestra discusión no nos permiten desarrollar todos sus elementos. No obstante, me gustaría comentar sobre las expresiones faciales debido a su importancia en la Biblia.

¿Sabía usted que nuestros rostros pueden mostrar sentimientos de orgullo, enojo, amargura, temor, sensualidad y rebelión sin que siquiera podamos advertirlo? Las siguientes son ocho actitudes que desfiguran el semblante de una persona, junto con la referencia bíblica que explica cómo se vinculan estas actitudes con las expresiones faciales:

Ocho actitudes del corazón que pueden desfigurar el semblante

1. *Orgullo* —«El malo, por la altivez de su rostro, no busca a Dios; no hay Dios en ninguno de sus pensamientos» (Salmo 10.4).

2. *Enojo*— «Pero no miró con agrado a Caín y a la ofrenda suya. Y se ensañó Caín en gran manera, y decayó su semblante» (Génesis 4.5).

3. *Amargura*— «Y oía Jacob las palabras de los hijos de Labán... Miraba también Jacob el semblante de Labán, y veía que no era para con él como había sido antes» (Génesis 31.1-2).

4. *Temor*— «En aquella misma hora aparecieron los dedos de una mano de hombre, que escribía delante del candelero sobre lo encalado de la pared del palacio real, y el rey veía la mano que escribía. Entonces el rey palideció, y sus pensamientos lo turbaron, y se debilitaron sus lomos, y sus rodillas daban la una contra la otra» (Daniel 5.5-6).

5. *Sensualidad*— «No codicies su hermosura en tu corazón, ni ella te prenda con sus ojos» (Proverbios 6.5).

6. *Rebelión*— «El ojo que escarnece a su padre y menosprecia la enseñanza de la madre, Los cuervos de la cañada lo saquen, y lo devoren los hijos del águila» (Proverbios 30.17).

7. *Culpa*— «y dije: Dios mío, confuso y avergonzado estoy para levantar, oh Dios mío, mi rostro a ti, porque nuestras iniquidades se han multiplicado sobre nuestra cabeza, y nuestros delitos han crecido hasta el cielo. Desde los días de nuestros padres hasta este día hemos vivido en gran pecado; y por nuestras iniquidades nosotros, nuestros reyes y nuestros sacerdotes hemos sido entregados en manos de los reyes de las tierras, a espada, a cautiverio, a robo, y a vergüenza que cubre nuestro rostro, como hoy día» (Esdras 9.6-7).

8. *Egoísmo*— «No comas pan con el avaro (literalmente un hombre que tiene un ojo malvado)» (Proverbios 23.6).

Figura 10. Actitudes que desfiguran el semblante

No obstante, lo opuesto también es verdad:

«La sabiduría del hombre ilumina su rostro, y la tosquedad de su semblante se mudará» (Eclesiastés 8.1).

Quizás el aspecto de la comunicación más difícil de corregir son las expresiones faciales. Esto es así en gran parte porque no somos en general conscientes de nuestro semblante en cada momento. Uno puede comprender el significado de sus propias palabras a medida que las articula y puede escuchar el tono de su voz al expresarse, pero no puede constatar la apariencia de su rostro, a menos que se pare frente a un espejo o grabe su comunicación en vídeo (lo cual es una buena idea para ayudar a los niños a mejorar sus habilidades de comunicación). Por lo tanto, para refinar nuestra comunicación no verbal debemos apoyarnos en las observaciones de los demás. Consecuentemente, los niños necesitan de las observaciones de sus padres para aprender a expresar sus pensamientos en momentos de enojo.

Antes de continuar con otras maneras de ayudar a los niños a vencer su enojo, será necesario explicar el significado de una palabra que todos conocen pero muy pocos entienden. Esa palabra es disciplina, y expresa un requisito esencial para que ocurra el cambio hacia un comportamiento bíblico.

Preguntas

1. ¿Cuál es su patrón habitual de respuesta airada pecaminosa a los problemas que enfrenta? (¿Qué hace cuando se enoja: Explotar, aislarse, explotar y luego aislarse, o aislarse y luego explotar?)
2. ¿En qué formas específicas explota o se aísla?
3. ¿Cuáles son los tres elementos de la comunicación? ¿En qué área cree que debe mejorar primero? (Les dejo con la palabra en la boca; soy sarcástico; alzo mi voz; uso palabrotas; hago pucheros, etc.)
4. ¿Quién ha sido más afectado por su respuesta airada pecaminosa?
5. ¿Cuál de estos comportamientos imitan más a menudo sus hijos?

4

Disciplina: Qué significa en realidad

Pregunta: ¿Cuál es la primera regla para enseñar a hablar a un loro?
Respuesta: Debes tener un vocabulario más amplio que el loro.

Pregunta: ¿Cuál es la primera regla para disciplinar a los niños?
Respuesta: Debes tener más disciplina que el niño.

Muchos padres con los que he trabajado han olvidado (o nunca comprendieron) que su capacidad para entrenar (disciplinar) efectivamente a sus hijos está directamente relacionada con la disciplina personal que ellos mismos posean como entrenadores. Mientras más disciplinado es un padre, más probabilidades tendrá de triunfar como entrenador de sus hijos. En este capítulo, explicaré lo que significa ser disciplinado. Mientras lee, evalúe el grado de su disciplina personal; es sólo en ese grado que puede esperar el éxito al disciplinar a sus hijos para corregir su problema de enojo.

H. Clay Trumbull establece una distinción entre dos conceptos que a menudo se confunden:

«El término entrenar y el término enseñar, se utilizan indistintamente en varios sentidos; por lo tanto están expuestos a ser entendidos de diferentes maneras por personas diferentes, cuando se los aplica a un solo aspecto de los deberes de los padres respecto a la crianza de sus hijos. Ciertamente, estas expresiones, entrenar y enseñar, se intercambian a menudo, considerando que cubren el proceso completo de la educación del niño. En este sentido, se entiende que el entrenamiento de un hijo incluye su enseñanza; y en sentido contrario, se entiende que su enseñanza incluye su entrenamiento. Pero en su sentido más estricto, el entrenamiento de un niño es la formación, el desarrollo y el control de sus facultades y poderes personales; mientras que la enseñanza consiste en asegurar que reciba el conocimiento de lo que está más allá de él.

Se ha dicho que la esencia de la enseñanza es hacer que otro conozca. De manera similar, podría decirse que la esencia del entrenamiento es hacer que otro haga. La enseñanza da conocimiento. El entrenamiento da habilidad. La enseñanza llena la mente. El entrenamiento forja los hábitos. La enseñanza da al niño lo que no poseía antes. El entrenamiento habilita al niño para usar lo que ya es su posesión. Enseñamos a un niño el significado de las palabras. Entrenamos a un niño para hablar y caminar. Le enseñamos las verdades que hemos aprendido por nosotros mismos. Le entrenamos en hábitos de estudio para que sea capaz de aprender otras verdades por sí mismo. El entrenamiento y la enseñanza deben ir de la mano en la crianza de todo niño. Lo uno fracasaría si no está acompañado de lo otro. Aquel que sabe enseñar a un niño, no es competente para supervisar su educación, a menos que también sepa entrenarlo.

El entrenamiento es una posibilidad mucho antes de que lo sea la enseñanza. Antes de que un menor sea lo suficientemente grande como para conocer lo que se le dice, es capaz de sentir y de conformarse o resistirse a la presión de los esfuerzos que se hacen por su entrenamiento. Un niño puede ser entrenado para dormir en los brazos de su madre o nodriza, en una cuna mecedora o en una cama; arrullándolo o sin arrullo; en un cuarto oscuro o en uno iluminado; en una habitación ruidosa o en una en silencio; a esperar su leche y aceptarla sólo en las horas establecidas, o según su libre demanda, aun cuando todavía no pueda entender enseñanza alguna acerca de la importancia o la conveniencia de alguna de estas cosas. Un niño pequeño puede ser entrenado para llorar por lo que quiere, o para quedarse callado con la finalidad de obtener algo. Y de hecho, el entrenamiento de un niño comienza mucho antes que su enseñanza. Parte de la vida de entrenamiento del niño se inicia cuando tiene seis semanas de nacido; pero no se intenta su enseñanza elemental sino hasta meses después».[9]

El principio «Gumnazo»

Mientras crecía en Long Island, Nueva York, mis padres me asignaron, como uno de mis deberes diarios, barrer el piso de la cocina después de la cena. Se esperaba que lo hiciera tuviera ganas de hacerlo o no. Y lo hice, repetida y regularmente, día tras día, durante muchos años. En realidad, nunca disfruté barrer, pero pasé de odiarlo a tolerarlo. Con el paso de los años, continué barriendo hasta que me fui a la universidad, donde por fin me liberé de la «esclavitud de la escoba».

Hace doce años, cuando llegué por primera vez a Atlanta, estaba preparando la cena en la cocina del sótano de la iglesia, que amablemente me habían prestado para establecer mi primera oficina de consejería. Al abrir una puerta de la despensa, descubrí azúcar derramada en el piso de la alacena. ¿Cuál cree que fue mi próximo pensamiento consciente? Si pensó que fue «bárrelo», se equivocó. Mi próximo pensamiento consciente vino después que salí de la cocina, caminé por un largo pasillo, entré al almacén, localicé una escoba, salí del almacén y regresé por el pasillo hacia la cocina, escoba en mano. Mi próximo pensamiento consciente fue, *Lou, ¿qué estás haciendo? Nadie te pidió que barrieras ese piso. Nadie te va a dar un premio por barrer el piso. Estás barriendo el piso porque es lo correcto.*

Los años que pasé barriendo la cocina cuando era joven, así como la disciplina a la que me sometí entonces, habían sido usados por Dios para desarrollar un buen hábito. Un hábito es algo que, al cabo de practicarlo muchas veces, se vuelve tan natural que podemos hacerlo con rapidez, facilidad, de manera automática e inconsciente (como en este caso). Con el paso de los años me había disciplinado para el propósito de barrer un piso sucio. Pablo le dijo a Timoteo que se disciplinara para la piedad.

«Ejercítate para la piedad» (1 Timoteo 4.7).

La palabra disciplina en el griego antiguo en que está escrito el Nuevo Testamento es gumnazo (de la cual se derivan las palabras gimnasia y gimnasio); significa «ejercitar» o «entrenar». La idea es la de una persona que comienza a entrenar con pesas para incrementar su fuerza. El primer día en el gimnasio intenta levantar 40 kilos, pero descubre que no puede levantar la barra por encima de su cabeza. Por tanto, decide comenzar con sólo 25 kilos. Descubre que puede levantar 12 veces los 20 kilos sobre su cabeza. Luego continúa ejercitándose con este peso durante una semana. A la semana siguiente incrementa el peso a 30 kilos. En este tiempo sus músculos se fortalecen y desarrollan. Semana tras semana, continúa incrementando el peso hasta que al cabo de dos años está levantando con toda facilidad 90 kilos. En el segundo aniversario de comenzar su entrenamiento en el levantamiento de pesas, toma los 40 kilos que hace dos años no pudo llevar más allá de los hombros, y con una mano los levanta por encima de la cabeza. Sus músculos han llegado a ser tan fuertes y grandes que lo que era imposible, se ha vuelto una fácil rutina, debido al entrenamiento y al ejercicio (gumnazo). Esto es exactamente lo que ocurre cuando nos ejercitamos para la piedad. Lo que en otro tiempo parecía imposible se vuelve fácil (parte de nosotros).

Ahora bien, ¿qué tiene que ver todo esto con los niños? Considere los siguientes dos versículos de la epístola a los Hebreos y tenga presente, mientras lee, el significado de gumnazo:

«Y todo aquel que participa de la leche es inexperto en la palabra de justicia, porque es niño; pero el alimento sólido es para los que han alcanzado madurez, para los que por el uso tienen los sentidos ejercitados en el discernimiento del bien y del mal». (Hebreos 5.13-14)

El contexto de estos dos versículos es un reproche. Algunos cristianos hebreos no se habían desarrollado hasta el punto de ser maestros como ya debían serlo (considerando el tiempo que habían tenido para crecer a la madurez en Cristo), y ahora eran reprendidos. El autor bíblico usa el lenguaje del desarrollo para contrastar el crecimiento y el entrenamiento de los niños con el crecimiento y entrenamiento de los cristianos. Presume que el lector entiende un principio universal esencial del desarrollo de los niños que nuestra cultura parece haber olvidado: el entrenamiento. Para comunicar este principio se emplean en particular dos palabras. A mí me gusta referirme a este principio como El Principio Gumnazo. La voz gumnazo se utiliza de nuevo en este versículo como se usa en 1 Timoteo 4.7. Su significado como «entrenar por medio del ejercicio» puede verse claramente en este pasaje. La otra palabra, que aparece antes en este texto, es exis, que significa «un hábito o una práctica que ha sido producida por el ejercicio continuo en el pasado» de tal manera que ha llegado a ser parte orgánica de uno.

Consideremos a continuación Hebreos 12.7-11:

«Si soportáis la disciplina, Dios os trata como a hijos; porque ¿qué hijo es aquel a quien el padre no disciplina? Pero si se os deja sin disciplina, de la cual todos han sido participantes, entonces sois bastardos, y no hijos. Por otra parte, tuvimos a nuestros padres terrenales que nos disciplinaban, y los venerábamos. ¿Por qué no obedeceremos mucho mejor al Padre de los espíritus, y viviremos? Y aquéllos, ciertamente por pocos días nos disciplinaban como a ellos les parecía, pero éste para lo que nos es provechoso, para que participemos de su santidad. Es verdad que ninguna disciplina al presente parece ser causa de gozo, sino de tristeza; pero después da fruto apacible de justicia a los que en ella han sido ejercitados».

El contexto aquí es «cómo tratar con la disciplina de Dios». El autor está exhortando a sus lectores a soportar la corrección del Señor, sabiendo que producirá el «fruto apacible de justicia a los que en ella han sido ejercitados (gumnazo)». Como vimos anteriormente, se establece un contraste entre cómo responden los niños a la corrección de sus padres, y cómo deben responder los cristianos a la corrección de su Padre celestial. De nuevo, el autor presupone el conocimiento de este principio esencial en el entrenamiento de los niños al que me he referido como El Principio Gumnazo.

Entrenando a tu aprendiz

El Principio Gumnazo puede ilustrarse con el ejemplo de un herrero que entrena a su aprendiz. Ser aprendiz no es hoy por hoy tan popular como lo era en los albores de los Estados Unidos, cuando Benjamín Franklin era el aprendiz de su hermano mayor. Por entonces, no tenía nada de extraordinario que el aprendiz conviviera con el maestro artesano, que éste le mantuviera y que el aprendiz estuviese sujeto a él. El estudiante recibía un entrenamiento tan completo e intenso que solía extenderse durante siete años. Básicamente, ese adiestramiento consistía para el aprendiz en practicar, practicar y seguir practicando, hasta que pudiera hacerlo bien. Probablemente el maestro artesano primero le explicaba y le mostraba las herramientas. Luego, le permitía observarlo mientras él realizaba todo el proceso para hacer una herradura, desde encender la fragua hasta clavar el producto final al casco del caballo, explicando minuciosamente cada procedimiento. Después de varias observaciones, el maestro artesano permitía al aprendiz ayudarle en algunos procedimientos. Dándole instrucciones, le permitía que intentara realizarlo. Si cometía algún error le corregía de inmediato, y le requería seguir haciéndolo hasta lograrlo. Quizás se paraba detrás del aprendiz, sosteniendo o tomando las manos de éste mientras mantenía el hierro en el fuego hasta que estuviera lo bastante incandescente. Luego, mano sobre mano, el maestro artesano y el aprendiz colocaban rápidamente el hierro sobre el yunque; y mano sobre mano, el maestro le mostraba al aprendiz cómo martillar el hierro y con qué fuerza pegarle. Cuando éste se enfriaba, lo devolvía al fuego, y así, hasta que la herradura estuviera terminada. Después que el aprendiz se hubiese ejercitado lo suficiente en este entrenamiento dirigido, el maestro le dejaba intentar el proceso entero por sí solo. Aún parado detrás de su estudiante, observaba el trabajo de éste y cada detalle de la manufactura. Tan pronto cometía un error, podría decirle: «Así no se hace». De nuevo tomando las manos del aprendiz, le mostraba exactamente cómo corregir su error. ¡Es el Principio Gumnazo en acción!

Imagine qué pasaría si el maestro artesano explicara una sola vez el proceso a su aprendiz, y cuando éste cometiera su primer error, le dijera: «¡Mal! Esta noche te quedas sin comer. Más te vale mejorar para mañana».

Adivino lo que está pensando: «Eso sería cruel, despiadado y una perversión de la educación».

Y sin embargo, es así como muchos padres cristianos «disciplinan» a sus hijos. Les dicen: «¡Me has faltado al respeto!», y con crueldad le pegan una bofetada al niño, complaciéndose en haber identificado lo que el niño ha hecho mal: faltarle el respeto.

El Principio Gumnazo sostiene que no hemos disciplinado bien a un hijo mientras no le hayamos llevado a un punto de arrepentimiento y le hayamos exigido practicar la alternativa bíblica de su comportamiento pecaminoso. Esto implica no sólo el pedir perdón por la falta de respeto, no sólo identificar el pecado por su nombre (dos pasos esenciales de una disciplina con base bíblica), sino también responder con una alternativa respetuosa, usando las palabras, el tono de voz y la comunicación verbal apropiadas. La aplicación del Principio Gumnazo será explicada más detalladamente en el siguiente capítulo.

Imagine cómo sería tratar de enseñar a su hijo a hacerse la corbata comenzando con un nudo complicado, o tratar de enseñar a su hija a preparar la corteza de un pastel sin aplicar el Principio Gumnazo. En algún momento, a menos que usted disponga de recursos y tiempo ilimitados, tendrá que suspender el proceso de las instrucciones verbales y mostrar a sus hijos cómo corregir un error. Si el Principio Gumnazo es vital para enseñar estas tareas relativamente simples y temporales, cuánto más necesario no será para enseñar a aplicar a la vida las verdades eternas y desarrollar un carácter semejante al de Cristo.

Antes de comenzar el próximo capítulo, asegúrese de haber entendido claramente el Principio Gumnazo; la disciplina inspirada en la Biblia implica la corrección de un mal comportamiento mediante la práctica de uno correcto, con la actitud correcta, por la razón correcta, hasta que el buen comportamiento se vuelva habitual.

Preguntas

1. ¿Cuál es la regla número uno al disciplinar a los hijos? ¿Tiene usted suficiente autodisciplina como para ser un padre eficaz? ¿En qué área necesita mejorar más?
2. ¿De qué maneras ha dado a sus hijos un entrenamiento correcto?
3. ¿En qué maneras los ha entrenado incorrectamente?
4. ¿Qué ha aprendido después de leer este capítulo que a su juicio tendrá el mayor efecto positivo en la crianza de sus hijos?

5

Cómo practicar la comunicación bíblica

Ahora podemos combinar los principios de comunicación del capítulo 3 con el Principio Gumnazo del capítulo 4. Supongamos que una tarde cualquiera su hijo llega de la escuela y usted quiere saber cómo le fue. Se dirige al sofá donde él está sentado. Nota que está mirando fijamente por la ventana.

Le pregunta: «Bueno, dime: ¿qué hubo de nuevo, emocionante o diferente hoy en la escuela?»

Sin retirar la mirada de la ventana, descruzar las piernas y los brazos, ni volver la cabeza hacia usted, que se ha sentado a su lado, él replica en tono seco, disgustado y sarcástico: «¿No ves que estoy pensando? ¿Por qué no te vas a molestar a otro?»

¿Cómo respondería?

▶ *Enojándose y diciendo algo igualmente sarcástico y cortante.*

▶ *Sintiéndose lastimado y alejándose malhumorado o llorando.*

▶ *Profiriendo con brusquedad: «¡Eso es una falta de respeto!» y administrándole alguna forma de castigo como retribución.*

73

La primera reacción, enojarse e injuriar, sólo provocará más enojo en su hijo. La segunda, alejarse evidenciando sus sentimientos lastimados y su turbación, indicará al niño que puede manipularle con ese trato irrespetuoso. La tercera respuesta, reprensión severa y castigo como retribución, no entrenará a su hijo para corregir su conducta irrespetuosa. Ninguna de estas reacciones es apropiada desde una perspectiva bíblica.

Una cuarta y mejor respuesta elimina los peligros de las primeras dos y va más allá de la tercera reacción tradicional. Esta opción aconsejable consiste en requerir que el niño reconozca su falta de respeto, pida perdón a sus padres, y practique una reacción apropiada en la que se refleje en palabras, tono de la voz y lenguaje no verbal, lo que enseña la Biblia acerca de la comunicación. Debe ser capaz de cumplir estos tres requisitos para corregir apropiadamente su comportamiento. Debemos anotar que este modelo de respuesta no excluye la necesidad de otras formas bíblicas de castigo adecuadas a la situación.

Reconocer las formas pecaminosas de comunicación

Los objetivos concretos de este libro no incluyen desarrollar la gran cantidad de formas de comunicación pecaminosas que se identifican en las Escrituras. No obstante, adjunto aquí una lista abreviada de doce principios de comunicación que se suelen transgredir, compulsando a los padres a imponer disciplina.[10]

Todo tipo de palabras desagradables

Ninguna palabra corrompida salga de vuestra boca, sino la que sea buena para la necesaria edificación, a fin de dar gracia a los oyentes (Efesios 4.29).

Sea vuestra palabra siempre con gracia, sazonada con sal, para que sepáis cómo debéis responder a cada uno (Colosenses 4.6).

Falta de respeto

Honra a tu padre y a tu madre, que es el primer mandamiento con promesa (Efesios 6.2).

Interrupción

Al que responde palabra antes de oir, le es fatuidad y oprobio (Proverbios 18.13).

No comunicarse

Por lo cual, desechando la mentira, hablad verdad cada uno con su prójimo; porque somos miembros los unos de los otros (Efesios 4.25).

Poner apodos

Hermanos, no murmuréis los unos de los otros. El que murmura del hermano y juzga a su hermano, murmura de la ley y juzga a la ley; pero si tú juzgas a la ley, no eres hacedor de la ley, sino juez (Santiago 4.11).

Hay generación que maldice a su padre, y a su madre no bendice (Proverbios 30.11).

Juzgar los motivos

Porque aunque de nada tengo mala conciencia, no por eso soy justificado; pero el que me juzga es el Señor. Así que, no juzguéis nada antes de tiempo, hasta que venga el Señor, el cual aclarará también lo oculto de las tinieblas, y manifestará las intenciones de los corazones; y entonces cada uno recibirá su alabanza de Dios (1 Corintios 4.4-5).

Alzar la voz

La blanda respuesta quita la ira; mas la palabra áspera hace subir el furor (Proverbios 15.1).

Entornar groseramente los ojos

Hay generación que maldice a su padre y a su madre no bendice. Hay generación limpia en su propia opinión, si bien no se ha limpiado de su inmundicia. Hay generación cuyos ojos son altivos y cuyos párpados están levantados en alto (Proverbios 30.11-13).

Manipulación

Nunca respondas al necio de acuerdo con su necedad, para que no seas tú también como él. Responde al necio como merece su necedad, para que no se estime sabio en su propia opinión (Proverbios 26.4-5) (Ver capítulos 9 y 10).

Malhumorarse / Hacer pucheros

Y vino Acab a su casa triste y enojado, por la palabra que Nabot de Jezreel le había respondido, diciendo: No te daré la heredad de mis padres. Y se acostó en su cama, y volvió su rostro, y no comió (1 Reyes 21.4).

Cara de enojo

Entonces Jehová dijo a Caín: ¿Por qué te has ensañado, y por qué ha decaído tu semblante? (Génesis 4.6)

Desatención

No toma placer el necio en la inteligencia, sino en que su corazón se descubra (Proverbios 18.2).

Confesar nuestro pecado al hermano que ofendimos no es una simple opción para el cristiano (Santiago 5.16; Mateo 5.21-26); es un mandamiento que debemos seguir si deseamos que ocurra la restauración. El uso de la terminología bíblica es importante en la identificación de una transgresión si queremos que el niño se «despoje» del viejo hombre y se «vista» del nuevo (Ver Colosenses 3.8-10 y Efesios 4.22-25). Por ejemplo, podría decir: «Lo que dije fue irrespetuoso, cruel y desdeñoso». Esta confesión con base bíblica también ayudará al niño a evaluar su comportamiento desde la perspectiva divina y no desde la humana. «Lo cual también hablamos, no con palabras enseñadas por sabiduría humana, sino con las que enseña el Espíritu, acomodando lo espiritual a lo espiritual» (1 Corintios 2.13).

Pedir perdón

Además de confesar su pecado a los padres ofendidos, un niño debe pedir perdón por la ofensa misma. Pedir perdón no es lo mismo que decir «Lo siento». Decir «Lo siento» no cumple la meta bíblica de poner a un lado las ofensas pasadas. Tampoco crea una base para restablecer la confianza tan efectivamente como lo hace el pedir perdón. Cuando una persona dice «Lo siento», la otra puede responder con un «Yo también lo siento», dejando la proverbial pelota en el aire. O peor, la otra persona puede responder: «¡Seguro que lo sientes! ¡Eres, de las personas que conozco, la que más arrepentida debería estar!», poniendo otra vez, injustamente, el balón en la cancha del cristiano penitente.

Cuando alguien pregunta: «¿Me perdonas?», pone específicamente la pelota en la cancha del hermano ofendido (o de los padres en este caso): En efecto está diciendo: «¿Vas o no vas a obedecer a Dios y perdonarme?» (Lucas 17.3)

Cuando los padres responden con un «Te perdono», están haciendo el siguiente compromiso: «Ya no tomaré esta ofensa contra ti, ni hablaré de esto con otros, ni pensaré más en ello». No están diciendo necesariamente «Toda la confianza perdida por causa de tu pecado ha sido restaurada». Dios ordena al cristiano que perdone al ofensor penitente (Lucas 17.3, 4). El cristiano ofensor tiene la responsabilidad de recuperar la confianza perdida por causa de su pecado. En otras palabras, perdonar a alguien no es lo mismo que declarar que ese alguien es de nuevo digno de confianza. (Ver el Apéndice A.)

Practicar una alternativa bíblica apropiada

¿Recuerda la pregunta inicial y la respuesta cortante e irrespetuosa del principio de este capítulo? Mírelas de nuevo.

Padre: «Bueno, dime: ¿qué hubo de nuevo, emocionante o diferente hoy en la escuela?»

Hijo: «¿No ves que estoy pensando? ¿Por qué no te vas a molestar a otro?»

La corrección para una respuesta irrespetuosa semejante a ésta, no se completa sino hasta que el niño practica una respuesta apropiada a la pregunta de su padre de tal manera que refleje respeto en las tres áreas del Pastel de la Comunicación. Por lo tanto, el niño debe ser entrenado a usar las palabras, el tono de voz y el semblante apropiados.

Escoger las palabras apropiadas

«El corazón del justo piensa para responder». (Proverbios 15.28)

Es casi infinita la variedad de palabras apropiadas que se pueden escoger y combinar sintácticamente para comunicar, con respeto, un sinnúmero de respuestas a una pregunta como la de nuestro ejemplo. Le expongo una lista de algunas de las posibles:

▶ *«Déjame ver, … ¿Nuevo, emocionante o diferente? … Bueno, hoy disequé mi primer gusano ¡Fue asqueroso!»*
▶ *«¿Podrías creer que por fin reuní suficiente valor para invitar a Sandy a comer?»*
▶ *«Si no te importa, preferiría platicarte de algo que me sucedió hoy cuando regresaba de la escuela».*
▶ *«No se me ocurre nada que fuera diferente hoy en la escuela, pero gracias por preguntar. ¿Qué tal si me cuentas algo de tu día?»*
▶ *«Mamá, te agradezco tu interés, pero tengo ahora otras cosas en mi mente. ¿Podríamos hablar más tarde?»*

«Todo eso está muy bien, pero ¿Cómo logro que mi hijo responda de una manera correcta? No puedo poner las palabras en su boca ¿O sí?»

Sí, ¡De hecho, sí puede! Pero antes de explicar esa opción, permítame explicar un principio bíblico muy importante.

Cómo responder al necio

En el capítulo tres, establecimos que las características de la rebeldía en los niños tienen una semejanza asombrosa con los rasgos del necio proverbial. Tenga en cuenta esto al leer los siguientes dos versículos de Proverbios 26:

Nunca respondas al necio de acuerdo con su necedad, para que no seas tú también como él. Responde al necio como merece su necedad, para que no se estime sabio en su propia opinión. (vv. 4, 5)

La Biblia nos advierte (v. 4) que cuando respondamos a un necio (en este caso a un niño necio), no lo hagamos con la misma necedad (de acuerdo con su necedad) con la que nos ha respondido. De otro modo, seríamos tan necios como él. Como cristianos, no podemos recurrir a la misma forma de comunicación irrespetuosa, sarcástica, manipuladora, abusiva o verbalmente, necia o pecaminosa, que un hijo emplea incorrectamente contra nosotros. Hacerlo sería rebajarnos a su nivel de inmadurez y demostrarle que somos tan necios (y pecadores) como él. Como verá en el capítulo 9 entrar en tal escaramuza verbal sería también permitirle que nos manipule.

El siguiente versículo, Proverbios 26.5, nos advierte de algo más. Al responder al necio, no debemos permitir que se vaya pensando que es sabio: «Para que no se estime sabio en su propia opinión». En lugar de eso, debemos responderle de manera que se dé cuenta de su necedad. Esto se consigue mejor empleando las técnicas bíblicas contra la manipulación que serán discutidas en los capítulo 9 y 10. Pero por ahora, baste decir que el niño debe comprender que ha sido reprendido por su necedad. Debe saber de inmediato que sus padres están en control tanto de él como del proceso disciplinario. En nuestro ejemplo, se le debe reprender por su falta de respeto y hacerle entender que tiene una responsabilidad, prevista en la Biblia, de arrepentirse de su pecado.

Recuerde que la esencia del Principio Gumnazo no es simplemente corregir un error. También es entrenar al niño para que aprenda a pensar y a responder con una perspectiva bíblica.

Considere las siguientes respuestas paternas hacia la falta de respeto. Recuerde que éstas son sólo sugerencias que pueden utilizarse textualmente o modificarse según las necesidades del momento. Con un poco de reflexión, podrá desarrollar sus propias respuestas específicas dirigidas a motivar a su hijo a practicar alternativas bíblicas. Es importante que el tono de voz y la comunicación no verbal de los padres reflejen preocupación, firmeza y amabilidad, nunca deseos de venganza o sarcasmo.

«Eso fue una falta de respeto ¿No puedes pensar en una forma más agradable de responder a mi pregunta? ¿O será que necesitas pasar algún tiempo en el Cuarto de Reflexión?»[11]

«Eso no me pareció apropiado. Puedes intentar responderme correctamente, o atenerte a más consecuencias de las que ya te has ganado por tu grosería».

Escoger un tono de voz apropiado

Una vez que el niño ha escogido cuidadosamente palabras que comuniquen gracia y respeto, debe a continuación expresarlas en un tono que sea igualmente afable y respetuoso. Por supuesto, este paso se omite si el tono de la voz nunca fue un problema o si se corrigió después de exigir una respuesta correcta. Puede ser que el niño necesite intentarlo varias veces antes de responder satisfactoriamente. Si en cualquier momento durante este ejercicio él se muestra confundido y verdaderamente desea un ejemplo de Mamá o Papá, puede solicitar su ayuda con respeto. Por ejemplo, podría decir: «Papá, no sé bien cómo quieres que te conteste. ¿Podrías darme un ejemplo?»

Si por el contrario, el niño rehúsa cooperar, quizás lo indicado sería una temporada en el Cuarto de Reflexión.

Sería más fácil ofrecer ejemplos de un tono de voz correcto si este fuera un audio-libro. Pero como no es el caso, sugiero que usted y su familia estudien los siguientes principios y ejemplos de las Escrituras acerca de las formas pertinentes del tono de la comunicación:

Respuesta Amable: La blanda respuesta quita la ira (Proverbios 15.1).

Palabras Ásperas: Mas la respuesta áspera hace subir el furor (Proverbios 15.1).

Palabras Apacibles: Con larga paciencia se aplaca el príncipe, y la lengua blanda quebranta los huesos (Proverbios 25.15).

Reprobación Severa (Reprimenda): Pero los hombres de Efraín le dijeron: ¿Qué es esto que has hecho con nosotros, no llamándonos cuando ibas a la guerra contra Madián? Y le reconvinieron fuertemente (Jueces 8.1).

Palabras Intensas: «Entonces respondieron los hombres de Israel, y dijeron a los de Judá: Nosotros tenemos en el rey diez partes, y en el mismo David más que vosotros. ¿Por qué, pues, nos habéis tenido en poco? ¿No hablamos nosotros los primeros, respecto de hacer volver a nuestro rey? Y las palabras de los hombres de Judá fueron más violentas que las de los hombres de Israel» (2 Samuel 19.43).

Hablar con Dulzura: «El sabio de corazón es llamado prudente, y la dulzura de labios aumenta el saber» (Proverbios 16.21).

Hablar con Gracia: «Sea vuestra palabra siempre con gracia, sazonada con sal, para que sepáis cómo debéis responder a cada uno» (Colosenses 4.6).

Palabras Placenteras: «Panal de miel son los dichos suaves; suavidad al alma y medicina para los huesos» (Proverbios 16.24).

Respuesta Dura: «El pobre habla con ruegos, mas el rico responde durezas» (Proverbios 18.23).

Palabras Aceptables: «Los labios del justo saben hablar lo que agrada; mas la boca de los impíos habla perversidades» (Proverbios 10.32).

En este punto, puede que usted se pregunte si la falta de respeto debería disciplinarse con mayor severidad que aplicar únicamente el Principio Gumnazo. Por supuesto, eso queda a su juicio, pero creo que el ejemplo que utilicé en este capítulo es lo suficientemente severo como para requerir consecuencias adicionales. No quiero dejarle con la impresión de que Gumnazo elimina necesariamente la necesidad de castigo adicional.

Escoger formas apropiadas de comunicación no verbal

Después de que el niño haya ofrecido una respuesta correcta usando un tono de voz aceptable, deberá practicar la misma respuesta empleando formas apropiadas de comunicación no verbal, a menos, por supuesto, que no exista un problema en esta área, o haya sido corregido durante los dos ejercicios previos. De nuevo, pueden ser necesarios varios intentos para lograr el resultado deseado, y el niño puede pedir ayuda en forma respetuosa a sus padres. Es un complemento, y no un reemplazo, de otras formas bíblicas de disciplina.

Corregir la comunicación no verbal puede ser el paso más difícil y prolongado de todos. Tenga en cuenta que un comunicador recibe información inmediata tanto de sus propias palabras como de la inflexión de su voz. Es decir, puede oír lo que dice mientras lo dice. Pero esto raras veces ocurre con la comunicación no verbal.

Cuando estoy sentado al otro lado del escritorio frente a uno de mis clientes, sé exactamente lo que estoy diciendo y cómo lo estoy diciendo.[12] Lo que no sé exactamente es qué expresión tengo en mi rostro (o mi semblante, como lo llama la Biblia). Aunque consigo reunir cierta información sobre otras formas de mi comunicación no verbal, como mis gestos y postura, sólo me proporciona una perspectiva distorsionada y lejana de la apariencia de mi rostro. Esta información que obtengo la perciben los demás de manera diferente de como la percibo yo. Si tuviera la oportunidad de grabarme siempre en vídeo mientras doy consejería (como he tenido oportunidad de hacer cuando predico, constatando así los defectos de mi comunicación no verbal), sin duda haría algunos ajustes en mi proyección como consejero.

A continuación le sugiero algunas fórmulas que pueden ayudarle mientras intenta corregir la comunicación no verbal de su hijo:

▶ *«Me agradan esas palabras que escogiste y cómo las expresaste. Ahora, quita ese ceño fruncido y pon una expresión más agradable».*

▶ *«Tus palabras y el tono de tu voz están mucho mejor. Ahora, por favor dilo otra vez con una sonrisa». (Por cierto, una sonrisa puede cubrir multitud de pecados).*

▶ *«Muy bien. Ahora hijo, quiero que te sientes bien, que no cruces los brazos, que me mires a los ojos y que me repitas lo que me dijiste hace un momento».*

▶ *«Todavía tienes la «enfermedad del labio caído». Inténtalo de nuevo, pero ahora, pon una cara más alegre».*

▶ *«Baja las piernas, vuélvete hacia mí, relaja esas cejas, y dilo otra vez sin rechinar los dientes».*

▶ *«Mi amor, toma ahora mi mano, inclínate hacia mí, sonríe y dímelo otra vez ...»*

▶ *«¡Bien! Ahora intenta decirlo otra vez sin entornar los ojos».*

«¡Pero no tengo tiempo!»

En este punto quizás usted esté diciendo: «¿Se da cuenta de cuánto tiempo consumen estos ejercicios? Si hiciera esto cada vez que mis hijos vociferan, ¡podría quedarme varado horas y horas cada semana!»

Tiene razón. Al principio, quizá tendrá que dedicar más tiempo, esfuerzo y razonamiento para entrenar a sus hijos que el que dedica actualmente. Pero recuerde, criar a sus hijos en «disciplina y amonestación del Señor» (Efesios 6.4) es una de las responsabilidades más monumentales y sagradas que le ha encomendado Dios. El Padre Celestial le ha encargado emplear todos los recursos bíblicos que Él ha provisto para imitar el carácter de Su Hijo, Jesucristo, en sus hijos, por medio del poder habilitador del Espíritu Santo. Recuerde también, que el tiempo que invierta inicialmente, redundará en ahorrar tiempo a largo plazo, porque a medida que crezcan sus hijos necesitarán cada vez menos corrección.

Además es importante recordar que el carácter cristiano que está forjando en la vida de sus hijos tendrá un valor tremendo no sólo durante sus vidas, sino también para toda la eternidad.

«Porque el ejercicio corporal para poco es provechoso, pero la piedad para todo aprovecha, pues tiene promesa de esta vida presente, y de la venidera» (1 Timoteo 4.8).

En otras palabras, en la medida en que se dedique a forjar un carácter piadoso en sus hijos, estará acumulando tesoros en el Cielo. ¿En qué otra cosa que sea más importante que esto podría estar invirtiendo su tiempo?

En este capítulo, se ha familiarizado con el uso del Principio Gumnazo en relación con la enseñanza a los niños de una comunicación inspirada en la Biblia. Hemos considerado un problema de comunicación específico enfrentado por todo padre: la falta de respeto. Aunque los límites de este libro no nos permiten aportar otros ejemplos, el entrenamiento en el principio gumnazo puede aplicarse a la corrección de otras formas incorrectas de comunicación. Al igual que sus hijos deben practicar los principios bíblicos de comunicación para llegar a ser expertos en su uso, también usted como padre debe practicar la disciplina bíblica para llegar a ser un instructor experto y capaz.

Preguntas

1. ¿Cuál de las formas pecaminosas de comunicación utiliza usted con mayor frecuencia?
2. ¿Cuáles de las formas pecaminosas de comunicación utilizan sus hijos con mayor frecuencia?
3. Identifique qué tajada del «Pastel de la comunicación» requiere la mayor atención en cada uno de sus hijos.
4. ¿Cómo se propone implementar en su familia lo que ha aprendido acerca de la comunicación?

6

El diario:
Una herramienta útil
para vencer el enojo

Una herramienta instructiva que los padres pueden usar para ayudar a sus hijos a vencer una ira pecaminosa es un Diario de Enojo. Cuando se usa correcta y consistentemente, puede ayudar a los niños a lograr lo siguiente:

1. *Identificar los sucesos que desencadenan respuestas airadas.*
2. *Analizar y evaluar manifestaciones inapropiadas de enojo.*
3. *Diseñar respuestas alternativas basadas en la Biblia para los eventos que desencadenan su enojo.*
4. *Mejorar sus habilidades de comunicación y solución de conflictos.*
5. *Aprender a expresar enojo sin pecar.*

Un Diario de Enojo es simplemente una hoja de papel en la que el niño, después de cada manifestación inapropiada de enojo, registra las respuestas a cuatro preguntas específicas:

1. *¿Qué ocurrió que me hizo enfadar? ¿Qué circunstancias condujeron a mi enojo?*

2. *¿Qué hice y/o dije cuando me enojé? ¿Cómo respondí a las circunstancias?*

3. *¿Qué dice la Biblia acerca de lo que hice y/o dije cuando me enojé? ¿Cuál es la terminología bíblica para referirse a lo que hice y/o dije cuando me enojé?*

4. *¿Qué debí haber hecho/dicho cuando me enojé? ¿Cómo pude haber reaccionado en una forma bíblicamente correcta cuando me enojé?*

Revise por un momento el Apéndice E para que vea un ejemplo gráfico de un Diario de Enojo. El modelo que le presentamos puede ser fácilmente fotocopiado para su uso personal. Con los niños que todavía no pueden leer o escribir, las preguntas del Diario de Enojo se pueden aprovechar con bastante efectividad formulándolas y discutiéndolas oralmente con ellos. Haciéndole algunas modificaciones insignificantes, incluso niños de dos o tres años pueden ser entrenados por sus padres para que se familiaricen con los principios básicos del Diario de Enojo, y con otros diarios sugeridos en este libro. Revise el Apéndice B, un complemento importante que ofrece directrices y sugerencias para adaptar los distintos diarios y recursos a fin de emplearlos con niños pequeños.

Cómo usar el Diario de Enojo

He visto cómo este sencillo proceso de cuatro pasos ha ayudado a muchos padres a enseñar a sus hijos cómo identificar y corregir las manifestaciones pecaminosas de ira, y sé de por lo menos una escuela cristiana que está empleando con éxito esta técnica con sus estudiantes. Puede ajustar la terminología con vistas a adecuarla al vocabulario de su hijo, siempre y cuando los conceptos básicos de cada paso permanezcan intactos.

Paso 1. Identifica la provocación circunstancial del enojo

¿Qué ocurrió que me provocó a ira? ¿Qué circunstancias condujeron a mi enojo? La número uno es una pregunta de diagnóstico, cuyo propósito es ayudar a su hijo a entender qué factores le condujeron a enojarse.

El proceso de identificación de esas circunstancias externas que detonaron una respuesta interna de ira, sirve al menos dos propósitos: Primero, ayuda a determinar si el enfado de su hijo es justo o pecaminoso. Quiero enfatizar otra vez que no todo enojo es pecaminoso.

«Dios está airado contra el impío todos los días» (Salmo 7.11).

«Entonces, mirándolos [Jesús] alrededor con enojo, entristecido por la dureza de sus corazones [de los fariseos]» (Marcos 3.5).

«Airaos, [un mandamiento] pero no pequéis» (Efesios 4.26).

Si Dios a veces se enoja, si Jesús estuvo a veces enojado, y si a nosotros como creyentes se nos ordena enojarnos en ciertas circunstancias, entonces decir que todo enojo es pecaminoso es acusar a Dios de pecado. Dios nos diseñó para que durante ciertos períodos de estrés nuestros cuerpos secretaran un excedente de adrenalina que produce a su vez más glucosa. La glucosa adicional asegura un incremento de la energía para responder a situaciones estresantes. Aparentemente ésta es la manera en la que el Creador nos provee biológicamente energía (cuando nos enojamos) para hacer lo justo en respuesta a las circunstancias que provocan el enojo.

Estoy en deuda con David Powlison, del Christian Counseling and Educational Foundation, quien aportó la idea del siguiente diagrama. Es una de las mejores herramientas que conozco para ayudar a la gente a determinar si su enojo es o no es pecaminoso.

¿Es su enojo justo o pecaminoso?

Enojo justo	Enojo pecaminoso
Cuando Dios no obtiene lo que desea.	Cuando yo no obtengo lo que deseo.
Motivado por un amor sincero a Dios.	Motivado por amor a un deseo idólatra.
La voluntad de Dios es violada.	Mi voluntad es violada.
Cristo es el Señor de mi vida.	Yo soy el señor de mi vida.
«Airaos, pero no pequéis» (Efesios 4.26).	«¿De dónde vienen las guerras y los pleitos entre vosotros? ¿No es de vuestras pasiones, las cuales combaten en vuestros miembros?» (Santiago 4.1)

Figura 11. Cómo determinar si el enojo es justo o pecaminoso

Si su enojo se debe a un reconocimiento de que un Dios santo ha sido ofendido por el comportamiento de alguien, ése es un enojo justo. En otras palabras, nuestro enojo es justo si nos enojamos porque es violada la voluntad revelada de Dios (no su voluntad decretada, pues todo lo que acontece ha sido predestinado por Él).

En cambio, si su enojo es el resultado de que sus deseos personales no se cumplieron, ese enojo suele ser pecaminoso. En otras palabras, si estamos enfadados porque alguien (sin pecar) impidió que obtuviéramos lo que deseábamos, entonces nuestro enojo es pecaminoso. Por supuesto, es posible (e incluso probable en esas situaciones en las que el pecado de alguien es también una ofensa en contra nuestra) que en nuestros corazones se aloje, al mismo tiempo, tanto enojo justo como pecaminoso. En tales casos, será sabio no responder al ofensor hasta estar seguros de que hemos decantado nuestros motivos y de que podemos hablar en defensa de un motivo justo y no egoísta. Exploraremos la relación entre los motivos egoístas y el enojo en el capítulo 7 (el Diario del Corazón), pero por ahora, entienda que identificando simplemente la evidencia circunstancial, a menudo es posible distinguir, de manera preliminar, entre el enojo justo y el enojo pecaminoso.

Otro beneficio de identificar los detonadores circunstanciales de la ira tiene que ver con el reconocimiento de ciertos patrones de reacción. Puede que descubra que ciertos tipos de eventos desencadenan en usted respuestas airadas. Quizás hay uno o varios denominadores comunes que, como un hilo del color equivocado, corren a través del tejido de sus circunstancias detonadoras de enojo.

Por ejemplo, hace poco descubrí que gran parte de lo que más me enoja (frustra) en mi propia vida tiene que ver con el tiempo y el dinero. Esta comprensión me ayudó a reconocer hasta qué grado padecía de «amor al dinero» (1 Timoteo 6.10) y era «amador de los deleites» (2 Timoteo 3.4), porque lo que más frustración me causaba era que me molestaran en mis «ratos de ocio», momentos en los que normalmente disfrutaba de placeres como ir de pesca o de caza.

Tal como una revisión de las circunstancias que detonaban el enojo en mi vida reveló mi tendencia a enojarme por causas relacionadas con el tiempo y el dinero, así también una revisión del Diario de Enojo de su hijo puede revelar aquello que más a menudo tiende a desencadenar la ira en la vida de él o de ella. Descubrir estos «puntos candentes» puede ayudar a su hijo a identificar aquellas cosas que está idolatrando en su corazón.

En el próximo capítulo trataremos más extensamente acerca de los ídolos del corazón y su relación con el enojo pecaminoso. Por ahora, haga una pausa y considere aquellas circunstancias que tienden a irritar los «puntos candentes» de su hijo para tratar de identificar el común denominador que provoca su enojo pecaminoso.

Paso 2. Describe las manifestaciones externas del enojo

¿Qué hice y/o dije cuando me enojé? ¿Cómo respondí a las circunstancias? La pregunta número dos procura ayudar al niño a recordar en su totalidad su respuesta airada. Por la vía de precisar los detalles de una respuesta malhumorada, su hijo puede ver puestas en blanco y negro sus palabras y actos. Este ejercicio le ayudará a recordar los diferentes elementos de una respuesta compleja, además de ser requisito de un diagnóstico bíblico dirigido a determinar si la respuesta fue pecaminosa o no. En otras palabras, usted puede ayudarle a dividir la respuesta en segmentos para un examen más exhaustivo.

Debe escribir sus respuestas verbales (excluyendo vulgaridades e insultos). Con su ayuda, deberá también estudiar cuidadosamente su tono de voz y su lenguaje no verbal. Se deben asentar asimismo en el diario actos vengativos tales como dar portazos, golpear o lanzar objetos, agresiones físicas, encerrarse en sí mismo, aislarse, u otras formas de represalia.

Paso 3. Evalúa desde el punto de vista bíblico la naturaleza del enojo

¿Qué dice la Biblia acerca de lo que hice y/o dije cuando me enojé? ¿Cuál es la terminología bíblica para referirse a lo que hice y/o dije cuando me enojé? La pregunta tres ayudará a su hijo a comprender la perspectiva de Dios con respecto a sus reacciones airadas.

Un problema no se puede resolver aplicando la Biblia hasta que se haya diagnosticado según la terminología bíblica. Sólo entonces podrá saber dónde buscar en las Escrituras enseñanza y dirección para cambiar. Sólo entonces podrá escoger las alternativas bíblicas que reemplazarán a aquéllas que se han de eliminar. Por lo general, no basta con decir: «Pequé cuando me enojé». En la Biblia, las manifestaciones del enojo pecaminoso son identificadas con más especificidad. El siguiente cuadro puede ser útil para ayudar a su hijo en su autoevaluación. Presenta algunas manifestaciones comunes de enojo relacionadas con una terminología bíblica precisa. He subdividido este cuadro en dos clasificaciones observables de conducta: actos y palabras.

Manifestaciones de enojo con sus nombres bíblicos

Actos	Palabras
Venganza (Ro. 12)	Falta de Respeto (Ef. 6.2)
Golpeador (1Ti. 3.3)	Palabras Ásperas (Pr. 15.1)
Odioso (Gá. 5.20)	Conversación Nociva (Ef. 4.29)
Cruel (Ef. 4.32)	Maldecir (Stg. 3.9-10)
Falto de amor (1 Co. 13)	Chisme (2 Co. 12.20)
Amargado (He. 12.15)	Griterío (Ef. 4.31)
Amargado (He. 12.15)	Morder y devorar (Ef. 5.15)
Descontrol (2 Ti. 3.3)	Pendenciero (1 Ti. 3.3)
Injurioso (Sal. 41.7)	Disensión (Gá. 5.20)
Malicia (Ro. 1.29; Ef. 4.31)	Disputa (Ro. 1.29)
Contencioso (Gá. 5.20)	Engaño (Ro. 1.29)
Rencoroso (Ro. 1.30)	Cuchichear (Ro. 1.29)
Orgullo (Ro. 1.30)	Detractor (Ro. 1.30)
Desobediente (Ro. 1.30)	Fanfarrón (Ro. 1.30)
Inexorable (Lc. 17)	Blasfemia (2 Ti. 3.2)
Despiadado (Ro. 1.31)	Acusar falsamente (2 Ti. 3.3)
Impaciencia (Ef. 4.2)	Burlador (Hch. 2.13, 17.32)
Intolerancia (Ef. 4.2)	Murmurar (Fil. 2.14)
Ingrato (2 Ti. 3.2)	Discutidor (Fil. 2.13)
Egoísmo (1 Co. 13.5)	Vulgaridad (1 Co. 3.8)

Figura 12. Nombres bíblicos para varias manifestaciones de enojo

Permítame recomendarle que considere y discuta con su hijo cada referencia bíblica para que puedan entender bien el significado de cada término como parte de sus devociones familiares. Mientras más fácilmente puedan identificar sus familiares sus manifestaciones específicas de enojo, más fácil le será reconocer en sus vidas tales manifestaciones.

Paso 4. Desarrolla una respuesta bíblica a la provocación circunstancial

¿Qué debí haber hecho/dicho cuando me enojé? ¿Cómo pude haber respondido bíblicamente cuando me enojé? La pregunta cuatro es esencial para entrenar a su hijo a fin de que sepa responder a provocaciones futuras de una manera bíblicamente correcta.

Éste es quizás el paso más importante, ya que es aquí donde la corrección y el entrenamiento disciplinado en justicia (2 Timoteo 3.16) pueden enfatizarse con mayor efectividad. A medida que su hijo considere sinceramente varias alternativas de respuesta bíblicas, no sólo demostrará arrepentimiento (cambios en su mente), sino que también se preparará para provocaciones (tentaciones) futuras al ejercitarse para la piedad (1 Timoteo 4.7).

Es importante que le señale a su hijo que suele haber una diversidad de respuestas bíblicas aceptables. Le recomiendo que le anime a desarrollar por lo menos dos o tres alternativas para cada reacción incorrecta que haya registrado en el paso dos. Mientras más tiempo pase ponderando las posibles reacciones, mayor será su ejercitación en la justicia.

El corazón del justo piensa para responder (Proverbios 15.28).

Mientras más tiempo pase en esta fase del diario, más sabio llegará a ser.

El corazón del sabio hace prudente su boca, y añade gracia a sus labios (Proverbios 16.23).

Basándose en lo que he dicho, puede que usted haya deducido lo que sigue; esto es, que cada parte del Diario de Enojo debe ser revisada por usted (o por un consejero) conjuntamente con su hijo. Una vez que hayan formulado dos o tres respuestas alternativas, recomiendo que haga practicar al niño cada respuesta hasta que cada parte del pastel de la comunicación (capítulo 5) haya sido cubierta para su satisfacción.

Aplicación del Diario de Enojo

El Diario de Enojo puede ser usado virtualmente siempre que su hijo se enfade. A continuación, un par de ejemplos:

DIARIO DE ENOJO (EJEMPLO 1)

1. ¿Qué ocurrió que me provocó a la ira? (¿Qué circunstancias condujeron a mi enojo?)

Cuando le pedí a mamá que me comprara un balón en Walmart, ella me dijo que no, porque no he recuperado la confianza que perdí la última vez que me compró uno cuando, enojado con mi hermano menor, lo golpeé con él.

2. ¿Qué hice y/o dije cuando me enojé? (¿Cómo respondí a las circunstancias?)

Alcé la voz y dije: «¡Eso no es justo! Nunca me compras nada. Papá sí me lo hubiera comprado». Luego salí corriendo hacia el auto y dejé que cargara ella sola todos los paquetes.

3. ¿Qué dice la Biblia acerca de lo que hice y/o dije cuando me enojé? (¿Cuál es la terminología bíblica para referirse a lo que hice y/o dije cuando me enojé?)

Una respuesta no blanda / heridas dolorosas —Proverbios 15.1; discusión — 2 Timoteo 2.2-4; murmuración / quejas —Filipenses 2.14; acusaciones falsas (mentir) —Efesios 4.2-5; falta de respeto —Efesios 6.1-7; vengativo — Romanos 12.17-21; malicioso —Efesios 4.31; falto de amor, desconsiderado, malos modales —1 Corintios 13.5.

4. ¿Qué debí haber hecho/dicho cuando me enojé? (¿Cómo pude haber respondido bíblicamente cuando me enojé?)

1. Debí haber dicho: «Sí, mamá».

2. Decir, «No te culpo por no confiar en mí. Voy a esforzarme mucho más para demostrarte que puedes confiar en mí si me compras ese balón».

3. Ofrecerme a llevar los paquetes al automóvil.

Diario de Enojo (Ejemplo 2)

1. ¿Qué ocurrió que me provocó a ira? (¿Qué circunstancias condujeron a mi enojo?)

Estaba jugando baloncesto en el canasto que tenemos en el patio, cuando papá se asomó por la puerta trasera e insistió en que entrara para hacer mis deberes escolares. Le dijo a mi amigo, que estaba jugando conmigo, que regresara al día siguiente.

2. ¿Qué hice y/o dije cuando me enojé? (¿Cómo respondí a las circunstancias?)

«No tengo deberes escolares y tú siempre estás echando a mis amigos. No me sorprende que todos ellos piensen que tú y mamá son unos idiotas». Luego, lo insulté mascullando mis palabras (aunque en voz bastante alta como para que mi amigo lo escuchara), arrojé el balón contra la puerta trasera (rompí el vidrio), y me encerré en mi cuarto malhumorado y con cara de pocos amigos.

3. ¿Qué dice la Biblia acerca de lo que hice y/o dije cuando me enojé? (¿Cuál es la terminología bíblica para referirse a lo que hice y/o dije cuando me enojé?)

Mentira (Sí tenía deberes escolares pendientes y no todos mis amigos piensan que mis padres son unos idiotas). Insultos, calumnia, murmuración, odioso.

4. ¿Qué debí haber hecho/dicho cuando me enojé? (¿Cómo pude haber respondido bíblicamente cuando me enojé?)

Decir, «Está bien, papá» y explicarle a mi amigo que sí tenía deberes escolares, pero que si terminaba pronto, lo llamaría. Hacer una apelación: «Papá, tengo algo más que decirte, ¿puedes escucharme?» (Sí) «Mi maestra estuvo enferma hoy y la suplente nos permitió ponernos al día con algunas tareas, así que sólo tengo que estudiar dos asignaturas en lugar de las cuatro de siempre... ¿Puedo quedarme a jugar una hora más?» Pude haber apelado con papá y pedirle que me cambiara mi horario de estudio para cuando ya está oscuro y no es posible seguir jugando baloncesto. O pedirle que me instalara una luz cerca del canasto para poder jugar después de anochecer (si termino temprano mis deberes escolares) ¿Qué opinas de esto papá?

Quizás usted piense ahora: «Estoy seguro de que el Diario de Enojo es una herramienta útil, pero parece tratar sólo de las reacciones externas, ¿Qué hay con ayudar a mi hijo a cambiar su forma de pensar y sus motivos? ¿No debería tratar también sobre eso?» Me alegro de que haya hecho esa pregunta. Sí, por supuesto, debemos tratar ese tema. En los capítulos siguientes, le daré algunas instrucciones que le capacitarán para ayudar a su hijo a identificar y cambiar sus pensamientos y motivos equivocados, y reemplazarlos con alternativas bíblicas apropiadas. Pero antes, debo formular una pregunta más importante.

¿Terapia cognitiva, modificación de la conducta... o Cristo?

¿Cuál es la dinámica tras la capacidad de cambio de su hijo, para despojarse del viejo hombre y vestirse con el nuevo? Si es que va a experimentar un cambio perdurable, y esto, de una manera que agrade a Dios, debe renovar su mente por mediación del Espíritu Santo.

«En cuanto a la pasada manera de vivir, despojaos del viejo hombre, que está viciado conforme a los deseos engañosos, y renovaos en el espíritu de vuestra mente, y vestíos del nuevo hombre, creado según Dios en la justicia y santidad de la verdad» (Efesios 4.22-24).

El viejo hombre, con todos sus hábitos pecaminosos debe ser progresivamente reemplazado por el hombre nuevo. Su actitud hacia la vida puede y debe ser renovada. Los recursos que usted está aprendiendo en este libro no tienen la capacidad para cambiar efectivamente el corazón de su hijo si no los acompaña la acción del Espíritu en su vida. Para que su mente sea renovada su hijo debe ser cristiano. Es un requisito para su santificación. No quiere decir que si su hijo no es regenerado estos materiales sean inútiles (de todos modos debe entrenar a sus hijos para que sean piadosos aun antes de su conversión), pero no tendrán en él el impacto interno que tendrían si se hace cristiano.

No es posible que un cristiano cambie dependiendo de sus propias fuerzas. Debe depender del Señor para recibir la gracia (sabiduría, poder y deseo) que necesita para vivir en obediencia a lo que prescribe la Biblia. Es por eso que usted debe proclamar con fidelidad el Evangelio a sus hijos. Si están perdidos, les debe instruir en la necesidad de confiar en la muerte vicaria de Cristo en la cruz. Si ya son salvos, les debe recordar que no pueden obedecer a Dios si no confían en el poder del Espíritu Santo.

Los padres también deben guardarse de ver los recursos que ofrece este libro como técnicas de «modificación de la conducta» o de «terapia cognitiva». Son soluciones derivadas de la Biblia a problemas comunes de la vida, y tienen un valor limitado si usted no cuenta con la acción regeneradora del Espíritu Santo, en su vida y en la de sus hijos.

Preguntas

1. De los cinco beneficios del Diario de Enojo, ¿cuáles le gustaría ver en su familia?
2. ¿Cuánto (qué porcentaje) de su enojo diría usted que es pecaminoso? ¿Cuánto (qué porcentaje) de su enojo diría usted que es justo?
3. ¿Cuánto (qué porcentaje) del enojo de su hijo diría usted que es pecaminoso? ¿Cuánto (qué porcentaje) del enojo de su hijo diría usted que es justo?
4. ¿Ha observado usted algunos catalizadores (o denominadores comunes) de su propio enojo pecaminoso? De ser así, ¿cuáles?
5. ¿Ha observado usted algunos catalizadores (o denominadores comunes) del enojo pecaminoso de su hijo? De ser así, ¿cuáles?
6. Responda a las preguntas 3 y 4 del Diario de Enojo en relación

con las siguientes situaciones. (Enumere, para cada una, de dos a tres alternatives bíblicas de respuesta.)

A. Un hijo que discute con sus padres cuando se le ordena ir a dormir.

B. Un hijo que se enoja después de ser provocado por su hermano.

C. Un hijo que se resiste rabiosamente a los esfuerzos de su padre por disciplinarle según la Biblia.

7

¿Qué se oculta en el corazón del enojo?

¡Hagamos un experimento! ¡Sí, así es! Usted y yo realizaremos un experimento aquí mismo, mientras lee esta página. Voy a pedirle que exprese la emoción que yo le sugiera. Contaré hasta tres y luego le pediré que produzca en su corazón una emoción con la cual probablemente estará bastante familiarizado. ¿Está listo? ¡Bien! Siéntese cómodo; respire profundamente; exhale despacio ¡Magnífico! Ahora, respire profundamente otra vez ¡Muy bien! ¡Aquí vamos!

Uno, dos, tres ... ¡Odio! ¡Eso es! ¡Ódieme! ¡Vamos, usted puede hacerlo! ¡Odio! ¡Odio! ¡Odio!

¿Qué pasa? Algunos de ustedes están sonriendo; otros, riendo. Se supone que deberían estar odiando.

«Pero, Lou, no es fácil reproducir un odio genuino. Sencillamente, ¡no nace!»

«¡Es cierto! La mayoría de ustedes tienen grandes dificultades para sentir odio por alguien que no les ha hecho daño. Si yo hubiera hecho algo para herirles o si percibieran que lo he hecho, la historia sería diferente. Podrían haber pensado:

«¡Ese Lou Priolo! ¿Cómo pudo hacerme semejante cosa? ¿No se da cuenta de que actuó muy mal al tratarme de esa manera? A él no le habría gustado que le hicieran lo mismo. Eso es. Ojo por ojo y diente por diente. Le daré su propia medicina. Tal vez así entenderá cómo hiere lo que me hizo».

Si puede contemplar estos pensamientos, probablemente descubrirá que le será más fácil odiar ¿Por qué? Porque nuestros sentimientos son en gran medida un efecto secundario de nuestros pensamientos y acciones. (Si hubiera convertido sus pensamientos vengativos en actos vengativos, el odio hubiera fluido mucho más facilmente.) Por cierto, si no le fue tan difícil el experimento, permítame sugerirle que quizás sea porque guarda en su corazón un odio oscuro hacia alguien, y le es fácil transferirlo a otra persona.

En el capítulo 6, aprendió a ayudar a su hijo a identificar y conquistar las manifestaciones externas del enojo pecaminoso. En este capítulo y el siguiente, aprenderá a ayudarle a identificar y conquistar sus manifestaciones internas.

¿Qué hay en el corazón?

En su libro *Theology of Christian Counseling*,[13] el Dr. Jay Adams llama al corazón humano «la fuente o la cámara del tesoro de donde brotan las palabras y acciones externas». Él explica:

Para ayudarnos a entender mejor el significado bíblico del corazón, preguntémonos: «Entonces, ¿Qué puede contrastarse con el corazón, si es que hay algo?» La respuesta es siempre, sin excepción, el hombre exterior visible. La adoración que uno realiza con sus labios (adoración externa, visible y audible) cuando su corazón (interno, invisible, inaudible) está lejos de Dios es un buen ejemplo de este contraste (Mateo 15.8). Se nos enseña que el hombre ve la apariencia externa, pero (en contraste) «Dios mira el corazón» (1 Samuel 16.7). Sin multiplicar las referencias, es seguro decir que, en todas sus partes, la Biblia usa la palabra corazón para hablar del hombre interior (o como dice Pedro de una manera definitoria, «la persona escondida del corazón»). Entonces, claramente, el corazón es en la Biblia la vida interior que uno vive delante de Dios y de uno mismo; un vida que es desconocida para los demás porque está oculta para ellos.

Para ilustrar este contraste entre el hombre interior (corazón) y el exterior (labios, boca, lengua, etc.), consideremos el ejemplo de una jarra. (Ver Figura 13.)

La parte de la jarra donde se deposita el líquido es análoga a su corazón. La boca de la jarra es análoga a su boca (o lengua, labios, semblante, etc.). Cualquier sustancia contenida en el recipiente se verterá por la boca de la jarra cuando ésta sea debidamente inclinada.

Los labios, la boca y la lengua

El CORAZON

Figura 13. La «Jarra» bíblica del corazón

Si la jarra estuviera llena de agua,
        ¿qué se verterá por su boca?
Si la jarra estuviera llena de leche,
        ¿qué se verterá por su boca?
Si la jarra estuviera llena de gasolina,
        ¿qué se verterá por su boca?
Si la jarra estuviera llena de arsénico,
        ¿qué se verterá por su boca?

Si el corazón del niño está lleno de necedad,
    ¿qué se verterá por su boca? (Proverbios 15.2; 12.23)
Si el corazón del niño está lleno de engaño,
    ¿qué se verterá por su boca? (Proverbios 12.20)
Si su corazón está lleno de orgullo,
    ¿qué se verterá por su boca? (Salmo 101.5; 131.1)
Si su corazón está lleno de enojo,
    ¿qué se verterá por su boca? (Proverbios 26.24-26)

Salomón utilizó una analogía similar a la de la jarra cuando dijo: «la boca de los necios escupe necedades» (Proverbios 15.2 NVI). En cambio, si la jarra está llena de cosas buenas, cosas buenas se verterán por su boca.

> *Si el corazón de su hijo está lleno de sabiduría,*
> *   ¿qué saldrá de su boca? (Colosenses 3.16)*
> *Si el corazón de su hijo está lleno de justicia,*
> *   ¿qué saldrá de su boca? (Salmo 37.30, 31)*
> *Si su corazón está lleno de virtud,*
> *   ¿qué saldrá de su boca? (Proverbios 22.11)*
> *Si su corazón está lleno de fé,*
> *   ¿qué saldrá de su boca? (Romanos 10.9, 10)*
> *Si su corazón está lleno de mansedumbre (un antídoto para el enojo pecaminoso),*
> *   ¿qué saldrá de su boca? (1 Pedro 3.4)*

A diferencia de los contenidos de la jarra en el ejemplo anterior, el corazón humano no puede ser visto por el hombre. Sólo Dios sabe con seguridad lo que hay en su interior. Sólo podemos echar una ojeada dentro del corazón si observamos lo que el ser humano vierte en palabras, actos y actitudes.

«Porque de la abundancia del corazón habla la boca. El hombre bueno, del buen tesoro del corazón saca buenas cosas; y el hombre malo, del mal tesoro saca malas cosas». (Mateo 12.34-35)

Quizá es por esto que Santiago dice: «pero ningún hombre puede domar la lengua, que es un mal que no puede ser refrenado, llena de veneno mortal» (Santiago 3.8). La lengua no es más que un músculo que hace simplemente lo que el corazón le dice que haga. La lengua no puede ser controlada por un corazón fuera de control. «Si tenéis celos amargos y contención en vuestro corazón» (v. 14) lo que puede decir, a fin de cuentas, la lengua, será maldición (vv. 9-10), perturbación y toda obra perversa (v. 16).

Como padres a quienes se les ordena criar a sus hijos en la disciplina y amonestación del Señor (Efesios 6.4), debemos expulsar la necedad ligada en el corazón de nuestros hijos (Proverbios 22.15), y ayudarles a reemplazarla por medio de las Escrituras. «El corazón del sabio hace prudente su boca» (Proverbios 16.23). (Note otra vez el contraste entre el corazón y la boca.) Pero la Biblia dice: «El hombre mira lo que está delante de sus ojos, pero Jehová mira el corazón» (1 Samuel 16.7). ¿Cómo puedo expulsar lo que no puedo ver?

Tomando una radiografía de la jarra

¡Buena pregunta! Pero recuerde, dije que podíamos echar una ojeada a lo que está en el corazón observando «aquello que procede de adentro del corazón» en forma de palabras, actos y actitudes. Aunque la Biblia nos prohíbe estar juzgando lo que hay en el corazón de los demás (1 Corintios 4.5; Santiago 2.4), se nos permite pedirles que juzguen sus propios pensamientos y motivos (Hechos 5.1-4; 1 Corintios 11.28-31; 2 Corintios 13.5). Considere Proverbios 20.5: «Como aguas profundas es el consejo en el corazón del hombre; mas el hombre entendido lo alcanzará».

Como padre, al aprender a hacer preguntas específicas, usted puede sacar del corazón de su hijo la información necesaria para ayudarlo a diagnosticar bíblicamente cualquier problema pecaminoso que se aloje en su interior. En el mismo grado en que pueda revelar lo que oculta el corazón de su hijo, será capaz de ayudarle a cambiar no sólo sus palabras, actos y actitudes, sino también (y más importante) sus pensamientos y motivos. Y esto es el «corazón del asunto» cuando se trata de ayudar a cualquiera a cambiar. En la medida en que no sea capaz de sacar a flote los pensamientos y motivos de su corazón, se entorpecerá su capacidad para ayudarle a cambiar al nivel más profundo (el único tipo de cambio que complace a Dios). Por supuesto, para lograr un diagnóstico preciso de los pensamientos y motivos de su hijo, deben emplearse las Escrituras como herramienta de diagnóstico.

«Porque la palabra de Dios es viva y eficaz, y más cortante que toda espada de dos filos; y penetra hasta partir el alma y el espíritu, las coyunturas y los tuétanos, y discierne los pensamientos y las intenciones del corazón» (Hebreos 4.12).

La Biblia es el único manual de diagnóstico aprobado por Dios mediante el cual los cristianos pueden juzgar con precisión pensamientos y motivos. Los padres cristianos, deben aprender no sólo a sacar a flote los pensamientos y motivos de sus hijos, sino también a diagnosticarlos «no con palabras enseñadas por sabiduría humana» (por ejemplo, mecanismos de defensa, formación reactiva, hambre de amor, codependencia, etc.), «sino con las que enseña el Espíritu» (por ejemplo, orgullo, culpar a otros, idolatría, esclavitud, etc.), «acomodando (interpretando) lo espiritual a lo espiritual» (1 Corintios 2.13).

Considere otra vez las palabras de Henry Clay Trumbull respecto al diagnóstico apropiado que deben realizar los padres sobre el mal espiritual de sus hijos:

«No hay cualidad más importante de un buen médico que la capacidad de hacer un diagnóstico del caso de su paciente. Si una mente maestra en este ámbito pasara por la enfermedad de cada paciente, el tratamiento para la enfermedad sería comparativamente fácil. Entonces, un joven graduado de la escuela de medicina, o una enfermera entrenada, serían la mayoría de las veces capaces de reconocer aquello que tendiera en la dirección errónea, y por lo tanto, fuera ineficaz para curar. Tal como ocurre con el médico y sus pacientes, ocurre con el padre y su hijo. Un diagnóstico preciso es un requisito esencial para un tratamiento sabio y eficaz. Una vez que el diagnóstico se ha establecido, el tratamiento será comparativamente fácil. El diagnóstico de un padre sobre el caso de su hijo se basa en el discernimiento de las faltas del segundo; esto es algo preliminar en el proceso de entrenamiento que conducirá a su sanidad. Y mientras no se haya logrado, no habrá esperanzas de aplicar un tratamiento inteligente y bien dirigido».[14]

La meta de todo entrenamiento en justicia es desarrollar en el niño la capacidad y el deseo de llevar todo pensamiento cautivo a la obediencia de Cristo (1 Corintios 10.5). A medida que su hijo aprenda a hablar la verdad de su corazón (Salmo 15.2) como un hábito, obtendrá mayor control sobre su espíritu (Proverbios 25.28; 16.32). En Romanos 12.2, Pablo explica que un cristiano es transformado totalmente cuando su mente se renueva. El proceso por medio del cual ocurre esta metamorfosis tiene lugar mayormente bajo la superficie, en el corazón de cada creyente. No habrá hecho lo suficiente si enseña simplemente a su hijo a comportarse como cristiano. Su responsabilidad como padre cristiano es enseñarle a pensar y motivarse como cristiano, porque sólo así el cambio en la conducta puede ser eficaz para la gloria de Dios.

El Diario del Corazón

El Diario del Corazón es otra herramienta valiosa desarrollada para entrenar a los padres a fin de que puedan sacar a flote del corazón de sus hijos tanto los pensamientos como los motivos, y ayudarles así a evaluar (juzgar) y corregir cualquier pensamiento o motivo que no se corresponda con lo prescrito en la Biblia. Al igual que el Diario de Enojo, el Diario del Corazón es una hoja de trabajo en la cual su hijo registrará las respuestas a cuatro preguntas específicas después de cada reacción airada:

1. *¿Qué circunstancias condujeron a que me enojara?*
   (¿Qué ocurrió que me provocó a ira?)

2. *¿Qué me dije (en mi corazón) cuando me enojé?*
   (¿Qué quería, deseaba o anhelaba cuando me enojé?)

3. *¿Qué dice la Biblia sobre lo que me dije cuando me enojé?*
   (¿Qué dice la Biblia acerca de lo que quería cuando me enojé?)

4. *¿Qué debí haberme dicho cuando me enojé?*
   (¿Qué debí haber deseado más que mis propios deseos egoístas / idólatras?)

Consulte de nuevo el Apéndice E, donde hallará un modelo de esta hoja de trabajo.

Mientras que el Diario de Enojo es útil para identificar y corregir las manifestaciones externas del enojo pecaminoso, el Diario del Corazón es especialmente útil para identificar y corregir sus manifestaciones internas. En otras palabras, un uso honesto del Diario del Corazón puede entrenar a su hijo para hacer varias cosas:

1. *Distinguir* en su corazón entre el enojo pecaminoso y el justo.
2. *Identificar* sus pensamientos y motivos pecaminosos.
3. Estar *alerta* para arrepentirse de los pensamientos y motivos asociados con el enojo pecaminoso que no están justificados en la Biblia.
4. *Reemplazar* los pensamientos y motivos pecaminosos con aquellos que sean *verdaderos, honestos, justos y puros* (Filipenses 4.8), y que concuerden con los utilizados en el Diario de Enojo.
5. *Evitar* que el enojo justo sea comunicado como enojo pecaminoso.

Al igual que con el Diario de Enojo, puede ajustar la terminología del Diario del Corazón para adecuarla al vocabulario de su hijo, siempre y cuando los conceptos básicos de cada paso sean comunicados con precisión. Los niños pequeños, que todavía no leen ni escriben, son mucho más capaces de lo que sus padres creen de entender y aplicar los conceptos básicos enseñados por el Diario del Corazón. Por supuesto, esto también reclama más tiempo, esfuerzo y reflexión de los que los padres están acostumbrados a invertir en la vida de sus hijos. (Ver el Apéndice B para sugerencias sobre cómo trabajar con niños pequeños aplicando verbalmente los diarios presentados en este libro.)

Paso 1: Identificar las circunstancias que provocaron el enojo

La pregunta uno —¿Qué circunstancias condujeron a que me enojara? (¿Qué ocurrió que me provocó a ira?) es idéntica a la primera pregunta del Diario de Enojo, y por razones muy similares. Primero, la respuesta a esta pregunta ayuda a determinar si el enojo es justo o pecaminoso. Segundo, identifica cualquier patrón asociado con los eventos que tienden a desencadenar el enojo. Esta respuesta, a su vez, hará más fácil de reconocer, y con el tiempo destronar, cualquier ídolo cuya adoración (deseo), produce enojo pecaminoso.

Paso 2: Identificar los motivos y pensamientos específicos asociados con el enojo

La pregunta dos —¿Qué me dije (en mi corazón) cuando me enojé? (¿Qué quería, deseaba o anhelaba cuando me enojé?) A diferencia del Diario de Enojo, los pares de preguntas en los siguientes tres pasos no son simples paráfrasis unas de otras. Son preguntas similares pero no sinónimas. Ambas interrogantes en cada inciso deben ser respondidas, porque cada una se ocupa de un aspecto diferente del corazón. La primera pregunta de cada inciso se enfoca en los pensamientos del corazón. La segunda se enfoca en sus motivos.

La capacidad para discernir los pensamientos y los motivos cuando se experimenta una emoción intensa es esencial para el cristiano que camina en pos de la santidad. Un requisito para llevar todo «pensamiento cautivo a la obediencia de Cristo» es reconocer los pensamientos e imaginaciones del corazón. (2 Corintios 10.45; Deuteronomio 15.9; Salmo 15.2; Isaías 55.7; Jeremías 4.14; Mateo 15.19). Este proceso de reconocimiento se hace más difícil debido a los siguientes factores:

▶ *«El corazón es engañoso más que todas las cosas»* (Jeremías 16.9) y no puede ser «conocido» al margen de la palabra de Dios, la cual es capaz de «discernir sus pensamientos y motivos» (Hebreos 4.12).

▶ *La voz del corazón a menudo se enmascara tras sus deseos.* Es decir, es difícil identificar los pensamientos erróneos porque a menudo están basados en deseos que pueden parecer legítimos, cuando de hecho son deseos malos o deseos legítimos que son deseados desordenadamente (Santiago 1.12-16; 4.1,2).

▶ *El corazón tiene la capacidad de hablarse a sí mismo* a una velocidad de más de 1.200 palabras por minuto, haciendo un tanto complicada tal identificación.

En respuesta a la primera pregunta del paso dos: «¿Qué me dije (en mi corazón) cuando me enojé?», se debe instruir al niño para que escriba textualmente los pensamientos que pasaron por su mente en el momento de la provocación. Estos suelen involucrar referencias en primera persona (Yo, me, mí, etc.). Al principio, quizás sólo atine a reconocer una o dos oraciones (algunas personas acompañan sus pensamientos con imágenes). Con el tiempo y la práctica podrá hacer una lista de media docena o más. Aquí están algunos ejemplos de nuestros archivos de consejería:

«¡Eso no es justo!»
«Odio cuando ...»
«Le demostraré que ...»
«¡Ella es una _____!»
«¡No puede obligarme a hacer eso!»
«Lo voy a hacer»
«Nunca puedo divertirme»

«¡Lo quiero y lo voy a conseguir!»
«No veo llegar el día cuando pueda marcharme de aquí».
«Mis padres son esclavos»
«No me gusta cuando ...»
«No me ama»
«Allá va otra vez: el mismo sermón de siempre»

Enfatice la necesidad de reportar con honestidad y precisión. Sólo Dios y su hijo saben si lo que le dice es verídico o no. Déjele siempre bien claro esto. Mucho depende de la exactitud de la información revelada.

Antes de pasar a la siguiente pregunta, me gustaría hacerle otra a usted. ¿En qué se deleita su hijo? o dicho de otra manera, ¿En qué «busca su felicidad»?

«Deléitate asimismo en Jehová, y él te concederá las peticiones de tu corazón» (Salmo 37.4)

Dios le ha dado al hombre la capacidad de deleitarse en cualquier cosa que elija. Nos podemos deleitar en otra persona, una vocación, un pasatiempo, un automóvil, una casa, un viaje, cualquier cosa en la que pongamos el corazón. Pero ¿está mal deleitarse en estas cosas? Sólo si el objeto de tal deleite es más personal que un deleite en el Señor. Dicho de otra manera, si el objeto del deleite del hombre es otra cosa que no sea Dios, probablemente será un ídolo. Considere estos dos diagramas:

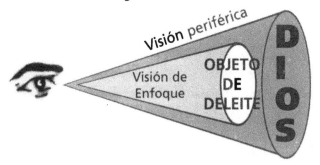

Figura 14. Enfoque de deleite equivocado

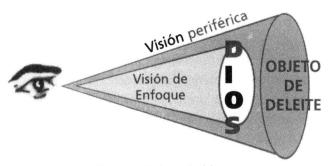

Figura 15. Enfoque de deleite correcto

Si el cristiano enfoca su deleite en el objeto mismo, viendo si acaso a Dios con su visión periférica (Figura 14), entonces su enfoque es incorrecto. En cambio, si el cristiano puede ver el objeto de su deleite con su visión periférica, mientras está enfocado en el Dios de Gracia que le da con abundancia todas las cosas para disfrutarlas; y si puede usar ese objeto como un medio para alabar a su Creador, entonces está adorando en su corazón a Dios en lugar de a su ídolo (Figura 15).

La respuesta a la segunda pregunta del paso dos: «¿Qué quería, deseaba o anhelaba cuando me enojé?», puede ser un poco más difícil de responder. Los motivos (pasiones, deseos y afectos, etc.) no siempre están tan al alcance de la conciencia como los pensamientos. Por lo general no podemos identificarlos sino cuando nos detenemos a hacernos preguntas acerca de estas cosas. Si su hijo tiene dificultades para identificar sus motivos después de hacerse esta pregunta del Diario del Corazón, trate de que intente responder algunas de estas otras:

▶ *¿Qué es aquello sin lo cual no podría ser feliz?*
▶ *¿Qué es lo que anhelo?*
▶ *¿Qué es aquello que creo que debo tener?*
▶ *¿En qué pienso la mayor parte de mi tiempo libre?*
▶ *¿Qué es lo que más me preocuparía perder?*
▶ *¿En qué me deleito más (buscando mi felicidad)?*
▶ *¿Qué cosa amo más de lo que amo a Dios y a mi prójimo?*

Cuando le estoy presentando el Diario del Corazón a un nuevo cliente de mi centro de consejería, típicamente procuro que responda por sí mismo sólo los primeros dos pares de preguntas. Luego, en la siguiente sesión, le enseño a responder a las preguntas 3 y 4. Le sugiero seguir una pauta similar con su hijo cuando le presente el Diario del Corazón. Pídale que escriba por si solo las respuestas a las preguntas pareadas 1 y 2. Luego, más adelante ese día (o quizás como parte de su devoción personal al día siguiente) trabaje con él en responder las preguntas 3 y 4 (por medio del ya mencionado Principio Gumnazo) hasta que llegue a estar listo para responder todas las interrogantes por sí mismo.

Veamos a continuación algunos deseos comunes en la niñez. Los del primer grupo son deseos inherentemente incorrectos. Los del segundo, no son inherentemente incorrectos, aunque pueden ser anhelos demasiado ardientes en su hijo.

Deseos ilícitos

Deseaba controlar a mis padres

Deseaba vengarme

Deseaba hacer lo que quisiera

*Deseaba algo que pertenecía
a otra persona*

*Deseaba lastimar o matar
a alguien*

Deseos lícitos

Deseaba jugar

*Deseaba quedarme despierto
hasta tarde*

Deseaba ser valorado

Deseaba ser amado

Deseaba un juguete

Deseaba salir

Deseaba algo de libertad

Deseaba ir a pescar

Deseaba divertirme

Si va a ayudar a sus hijos a identificar y destronar cualquier ídolo de barro que usurpe su corazón, primero deberá estar seguro de que puede distinguir entre aquellos deseos que son pecaminosos en sí mismos y aquellos que no lo son. Por supuesto, esto significa que padre e hijo tendrán que familiarizarse más de lo que están actualmente con ciertos pasajes de las Escrituras.

Preguntas

1. Si solo Dios puede conocer el corazón, ¿cómo puede usted saber lo que sucede en el corazón de su hijo?
2. Durante dos semanas, cuando se dé cuenta de que se está enojando, escriba y responda las preguntas 1 y 2 del Diario del Corazón.
3. ¿Qué es eso sin lo cual usted cree que no podría ser feliz?
4. ¿En qué piensa la mayor parte de sus ratos de ocio?
5. ¿Qué es lo que más le preocupa perder?
6. ¿En qué se deleita (persigue su felicidad) más usted?

8

Cómo entender correctamente los problemas de enojo

Permítame decirlo de nuevo aquí:

> No se puede resolver un problema aplicando preceptos bíblicos hasta que haya sido diagnosticado según la terminología bíblica. Solamente entonces, sabrá dónde buscar en las Escrituras enseñanza y dirección sobre cómo cambiar. Sólo entonces podrá hacer uso de las alternativas bíblicas que deben reemplazar a aquellas que deben ser desechadas.

Algo que es fundamental para enseñar a su hijo a llevar «todo pensamiento cautivo a la obediencia de Cristo» (1 Corintios 10.5) es enseñarle no sólo a identificar los pensamientos y motivos de su corazón airado, sino también a evaluarlos (discernir) de acuerdo con las Escrituras. El diagnóstico debe hacerse «no con palabras enseñadas por sabiduría humana, sino con las que enseña el Espíritu, acomodando lo espiritual a lo espiritual» (1 Corintios 2.13). La práctica de familiarizarse con la terminología bíblica, combinada con el ejercicio de escribir el diagnóstico correcto, debe desarrollar con el tiempo el discernimiento bíblico en su corazón a medida que alcance una consciencia madura: —«Pero el alimento sólido es para los que han alcanzado madurez, para los que por el uso tienen los sentidos ejercitados en el discernimiento del bien y del mal» (Hebreos 5.14).

El tercer y cuarto pasos del Diario del Corazón son ejercicios prácticos para «ejercitar» los sentidos espirituales del niño a fin de que pueda madurar en Cristo conociendo la diferencia entre el bien y el mal:

Paso 3. Evaluar bíblicamente la naturaleza del enojo que produce pensamientos y motivos

La pregunta número tres del Diario del Corazón —¿Qué dice la Biblia acerca de lo que me dije cuando me enojé? (¿Qué dice la Biblia acerca de lo que quería cuando me enojé?)

Cuando entrene a su hijo para responder a esta pregunta, anímele a pensar en términos de identificación de pecados específicos (a menos, por supuesto, que sus pensamientos no hayan sido pecaminosos).

Digamos, por ejemplo, que en respuesta a que no se le permitió visitar a un amigo cercano, por existir un compromiso familiar previo, su hijo piense lo siguiente:

1. *«¡No es justo!»*
2. *«Mi mamá nunca me deja hacer lo que quiero».*
3. *«No quiere que me divierta».*
4. *«Es egoísta, contenciosa y fiera».*
5. *«No veo llegar el día en que pueda irme de aquí».*

Utilizando el Diario del Corazón, evaluará entonces cada pensamiento usando la terminología bíblica que describa mejor los pecados que se le asocien:

1. **«¡No es justo!»**
Acusación falsa / Pobre teología. Dios es ante todo justo. Mi mamá no ha sido injusta en su trato conmigo (Filipenses 4.8; 2 Timoteo 3.2,3). (Recomiendo citar algún pasaje bíblico apropiado después de cada evaluación.)
Irresponsabilidad / Egoísmo. Debo estar más interesado en cumplir mis promesas que en divertirme (Salmo 15.4).

2. **«Mi mamá nunca me deja hacer lo que quiero».**
Deshonestidad. No siempre me impide que haga lo que quiero (Filipenses 4.8).
Egoísmo. Lo que quería hacer no es tan importante como honrar a mi madre (1 Corintios 13.5; Efesios 6.2).

3. **«No quiere que me divierta».**
Juzgar los motivos. No sé lo que ella quiere, porque no puedo leer su mente, y ella no me ha dicho lo que quiere (1 Corintios 4.5).
Falta de Amor. El amor cree lo mejor de la otra persona. Por tanto, debo interpretar mejor sus actos (1 Corintios 13.7).

4. **«Es egoísta, contenciosa y fiera».**
Acusación Falsa/Deshonestidad. Es posible que sus motivos no sean egoístas y que tenga lo que ella considera una buena razón para no permitirme ver a mi amigo.
Poner nombres ofensivos / hablar mal. No hay suficiente evidencia para condenarla por ser egoísta o contenciosa. «Fiera» no es un nombre que Dios use para clasificar a la gente, y no debería usarlo yo (1 Corintios 2.13; Santiago 4.11).

5. **«No veo llegar el día en que pueda irme de aquí».**
Impaciencia. El Señor me ha puesto en esta familia para cumplir Sus propósitos. Es Su decisión cuándo me iré (Efesios 4.2).
Ingratitud. Me debo concentrar en lo que mis padres ya me han dado, no en lo que me hubiera gustado que me dieran (1 Tesalonicenses 5.18).

He incluido en el Apéndice C,[15] un cuadro que les hará más fácil a usted y a su hijo identificar algunos de los patrones pecaminosos de pensamiento más comunes que suelen desencadenar el enojo. El cuadro no agota todas las posibilidades, pero puede ampliarse y ajustarse a voluntad según dediquen los dos más tiempo a estudiar la palabra de Dios para encontrar otras categorías apropiadas de pensamiento.

La segunda pregunta del tercer paso, «¿Qué dice la Biblia acerca de lo que quería cuando me enojé?» se utiliza para evaluar (clasificar) nuestros motivos como correctos o incorrectos. Si el deseo es pecaminoso, la evaluación es relativamente sencilla.

Motivo	Evaluación Bíblica
«Quería vengarme»	Venganza
«Quería ver pornografía»	Lujuria
«Quería matarlo»	Asesinato
«Quería hacerle trampa»	Engaño
«No quería obedecer a mis padres»	Desobediencia
«No quería compartir mis juguetes»	Egoísmo

Pero si el deseo no fuera inherentemente pecaminoso, la pregunta entonces sería «¿He deseado demasiado algo que Dios dice que es bueno, o deseé tanto una cosa buena, que estuve dispuesto a pecar para conseguirla (al enojarme) o a pecar (otra vez, enojándome) por no conseguirla?

¿Cuál es el origen del enojo pecaminoso?

El libro de Santiago fue probablemente el primer libro que se escribió del Nuevo Testamento. Los cristianos para los que el hermano del Señor escribía tenían tales conflictos entre ellos que Santiago usaba las palabras guerras y pleitos para describir las manifestaciones externas de su enojo. Al principio del capítulo 4, pregunta algo que pone a un lado esas manifestaciones externas y se enfoca en las causas o motivos internos del enojo. «¿De dónde vienen las guerras y los pleitos entre vosotros?» (Santiago 4.1) Luego responde su propia pregunta para revelar a sus lectores qué se oculta exactamente en el corazón de sus diferencias airadas (o qué hay en sus corazones que produce estas disputas). «¿No es de vuestras pasiones, las cuales combaten en vuestros miembros?» «¡Sí!», es la respuesta implícita.

Tenemos conflictos enojosos unos con otros porque nuestras pasiones (deseos que no son necesariamente pecaminosos en sí mismos) han llegado a ser tan intensas que combaten unas con otras dentro de nuestros miembros. El término griego para «combatir» es una palabra que tiene como raíz la idea de estar «acampado». Cuando nuestros deseos (por buenos que sean) llegan a ser intensos hasta el grado de «acampar» en nuestros corazones, se vuelven pecaminosos, se convierten en deseos idólatras; no porque sean pecaminosos en sí mismos, sino porque son deseos desmedidos. Nuestros corazones desean estas cosas tan intensamente que están dispuestos a pecar (guerra y peleas), ya sea para obtenerlos, o porque no podemos obtenerlos.

En el capítulo 4, Santiago continúa enfocándose en los motivos del cristiano al explicar más detalladamente lo que acaba de decir.

«Codiciáis, (una palabra diferente; también implica un deseo de algo que no es inherentemente pecaminoso) y no tenéis; matáis» (una imagen bíblica y una manifestación del odio), (ver Mateo 5.21, 22; 1 Juan 3.15). «Y ardéis de envidia» (otro sinónimo del deseo con una implicación de la codicia que a veces se asocia con el enojo) (Hechos 7.9; 17.5) «y no podéis alcanzar; combatís y lucháis» (son las formas verbales de las palabras guerra y pleitos del versículo 1, que significan respectivamente lucha o disputa, y contender o pelear).

Después de descomponer en sus partes el versículo 1, Santiago continúa subrayando que la causa de la crisis en las relaciones entre estos hermanos son sus motivos egoístas e idólatras, evidentes en su vida de oración egocéntrica. «Pero no tenéis lo que deseáis, porque no pedís. Pedís, y no recibís, porque pedís mal, para gastar en vuestros deleites» (la misma palabra que fue usada en el versículo uno, de la cual se deriva la palabra en español «hedonismo»). «¡Oh almas adúlteras!» (Sus motivos egoístas no sólo han herido las relaciones entre ellos, sino que también han afectado de tal manera su relación con Dios que Él los ve como a un cónyuge infiel), «¿No sabéis que la amistad del mundo» han amado al mundo a tal grado que el amor de Dios no está en ellos (1 Juan 2.15), demostrando, otra vez, que sus deseos están afectando no sólo sus relaciones mutuas, sino también la que tienen con Dios) «es enemistad contra Dios? Cualquiera, pues, que quiera ser amigo del mundo, se constituye enemigo de Dios».

Dios, en cambio, quiere que le anhelemos con el mismo deseo celoso con que Él nos anhela. «¿O pensáis que las Escrituras dicen en vano: El Espíritu que Él ha hecho morar en nosotros nos anhela celosamente?» El Espíritu de Dios desea fervorosamente que no desplacemos nuestro amor por Él con un amor por alguna de las cosas que el mundo ofrece.

La mejor evidencia de que un cristiano desea (ama) algo, más de lo que desea (ama) a Dios, es su disposición a pecar contra el Señor, ya sea para adquirir eso que desea o porque no puede adquirirlo. «Si me amáis, guardad mis mandamientos» (Juan 14.15). El enojo es uno de los pecados más comunes que demuestran la presencia de un deseo impropio. Al hacer que un hijo enojado identifique según la Biblia el tipo de pecado asociado con su enojo, su padre puede ayudarle a corregir su enojo no sólo exteriormente (ejemplo: rabietas, sarcasmos, pleitos, etc.) sino también interiormente (idolatría: amor al placer, amor al dinero, amor a la aprobación, etc.), en corazón necio, donde radica el enojo.

Tanto Santiago como Juan identifican el amor al mundo como idolatría (Santiago 4.4; 1 Juan 2.15). Para identificar formas específicas de idolatría, podría serle útil considerar aquellas cosas que las

Escrituras indican que una persona puede amar o desear (o deleitarse en ellas) ardientemente.

Consideremos, por ejemplo, cuatro de los ídolos usurpadores más comunes: amor al dinero, amor al placer, amor a la aprobación, y amor al poder.

El amor al dinero

«Porque los que quieren enriquecerse caen en tentación y lazo, y en muchas codicias necias y dañosas, que hunden a los hombres en destrucción y perdición; porque raíz de todos los males es el amor al dinero, el cual codiciando algunos, se extraviaron de la fe, y fueron traspasados de muchos dolores» (1 Timoteo 6.9, 10; énfasis agregado).

El amor al dinero es *una* raíz, no *la* raíz como lo traduce la versión Reina-Valera (el sustantivo anartherous). Es uno de varios deseos raigales identificados por la Biblia que los hombres codician (o desean excesivamente) para su propio perjuicio.

Los niños pueden traslucir amor al dinero cuando lo atesoran en sus alcancías o piden constantemente dinero a sus padres. He aconsejado a muchos jovencitos que incluso hurtaban dinero a sus padres, tomándolo del monedero de la madre o la billetera del padre.

El amor al placer

«Hombre necesitado será el que ama el deleite, y el que ama el vino y los ungüentos no se enriquecerá» (Proverbios 21.17, énfasis agregado).

«También debes saber esto: que en los postreros días vendrán tiempos peligrosos… Porque habrá hombres amadores de sí mismos, avaros … amadores de los deleites más que de Dios» (2 Timoteo 3.1, 2, 4).

La capacidad para disfrutar del placer es una bendición de Dios, quien «nos da todas las cosas en abundancia para que las disfrutemos» (1 Timoteo 6.17). Cuando alguien dedica su corazón al placer hasta rayar en el hedonismo (voz derivada de la misma palabra griega que significa placer), de forma tal que queda esclavo de concupiscencia y deleites diversos (Tito 3.3), estamos ante un problema del corazón del cual el enojo pecaminoso es un síntoma. Cuando los niños rehúsan acceder a la solicitud de Mamá o Papá de que suspendan sus diversiones, o cuando se afligen excesivamente porque es hora de apagar el televisor o dejar el videojuego, o lloriquean y se quejan de que no tienen quien juegue con ellos, es probable que estén, al menos momentáneamente, amando más al placer que a Dios.

El amor a la aprobación

«Porque (los fariseos) amaban más la gloria de los hombres que la gloria de Dios» (Juan 12.4543).

«Antes, hacen todas sus obras para ser vistos por los hombres. Pues ensanchan sus filacterias, y extienden los flecos de sus mantos; y aman los primeros asientos en las cenas, y las primeras sillas en las sinagogas, y las salutaciones en las plazas, y que los hombres los llamen: Rabí, Rabí» (Mateo 23.5; énfasis agregado).

Desear la aprobación de los demás no es necesariamente malo. Si así fuera, elogiar o alabar a su hijo sería como tentarle a pecar. Pero, al igual que con el dinero y el placer (y todo lo demás que no es inherentemente malo), sí lo es desear la aprobación en tal grado que se convierta en amor por ella. Los escribas y fariseos (como muchos otros hoy en día, y por los siglos) eran adictos a la aprobación. Es decir, su necesidad de ella era tan exagerada que se convertían en sus esclavos. «Porque el que es vencido por alguno es hecho esclavo del que lo venció» (2 Pedro 2.19). Anhelaban tanto la aprobación, que invertían excesivo tiempo y esfuerzos en cualquier cosa que les atrajera la gloria de los hombres. Incluso aquellas de naturaleza religiosa (como orar, ayunar y ofrendar) algunos las hacían sólo con el propósito de obtener la aprobación pública, lo cual llevó a Jesús a decir: «ya tienen su recompensa» (Mateo 6.2).

El agudo problema de la presión de grupo puede ser prevenido si a los niños, antes de que lleguen a la adolescencia, se les entrena para desear más la aprobación de Dios que la aprobación del hombre. Yo creo que el quid del problema de ceder a la presión de grupo es el amor a la aprobación. Los niños que se visten y adornan contra las directrices de sus padres, muy probablemente están batallando con un deseo más intenso de complacer al hombre que a Dios. El mismo amor a la aprobación puede manifestarse en la música que escuchan, las actividades recreativas que disfrutan y el lenguaje que usan.

El amor al poder (Control)

«Yo he escrito a la iglesia; pero Diótrefes, al cual le gusta tener el primer lugar entre ellos, no nos recibe. Por esta causa, si yo fuere, recordaré las obras que hace parloteando con palabras malignas contra nosotros; y no contento con estas cosas, <u>no recibe a los hermanos, y a los que quieren recibirlos se lo prohíbe, y los expulsa de la iglesia</u>». (3 Juan 9, énfasis agregado).

Diótrefes amaba su jerarquía entre los líderes de la iglesia. Su amor por la preeminencia lo convirtió en un líder tiránico que se sentía incluso amenazado por las visitas de otros que pudieran estar en desacuerdo con él. De nuevo, no es pecado desear gobernar aquellas cosas sobre las cuales el Señor nos ha encomendado responsabilidad. No obstante, cuando ese deseo de gobernar se convierte en un señorío sobre los que están a nuestro cuidado (1 Pedro 5.3), ese deseo lícito se ha transformado en un amor idólatra por el poder. Así, los niños que continuamente rehúsan someterse a la autoridad de sus padres, o que son duchos en manipular a éstos, (ver capítulos 9 y 10) o que intimidan a sus coetáneos o amigos, pueden estar haciéndolo en virtud de una obsesión por controlar aquellas cosas sobre las cuales Dios no les ha dado autoridad.

Recuerde los pensamientos registrados en el Diario del Corazón que vimos anteriormente:

«¡No es justo!»
«Mi mamá nunca me deja hacer lo que quiero».
«No quiere que me divierta».
«Es egoísta, contenciosa y fiera».
«No veo llegar el día en que pueda irme de aquí».

¿Podría identificar algunos posibles motivos impropios (deseos idólatras) de los cuales puedan estar fluyendo estos pensamientos? Por supuesto, sólo el niño, cuyo corazón produjo tales pensamientos, puede evaluar en verdad cualquier motivo impropio, pero he aquí algunas posibilidades:

Motivos impropios	
«¡No es justo!» «Mi mamá nunca me deja hacer lo que quiero». «No veo llegar el día en que pueda irme de aquí».	**Amor al Control** (Deseo de usurpar la autoridad de los padres)
«Mi mamá nunca me deja hacer lo que quiero». «No quiere que me divierta».	**Amor al Placer**
«Es egoísta, contenciosa y fiera».	**Deseo de Venganza**

A medida que usted y su hijo se familiaricen con las cosas que la Biblia identifica específicamente como idolatría, como también con aquellas que el menor desee hasta el punto de enojarse, ambos llegarán a ser expertos en la aplicación de la Palabra de Dios para discernir los pensamientos e intenciones de sus corazones.

Paso 4: Desarrollar alternativas bíblicas de pensamientos y motivos para reemplazar aquellos que no lo son

La pregunta cuatro —¿Qué me debí haber dicho cuando me enojé? (¿Qué debí haber deseado más que mis propios deseos egoístas / idólatras?)

No es suficiente identificar y extirpar (despojarse de) los malos pensamientos y motivos del corazón. Para que el cambio tenga lugar de conformidad con la Biblia (para que sea efectivo, perdurable y agradable a Dios), el cristiano debe reemplazar los pensamientos y motivos pecaminosos con otros justos. Sus metas deben ser las siguientes:

▶ *Ser puro de corazón (Mateo 5.8)*
▶ *Hablar la verdad en su corazón (Salmo 15.2)*
▶ *Desear la verdad en todo lo más íntimo de su ser (Salmo 51.6)*
▶ *Permitir a su mente pensar en lo que sea verdadero, honorable, justo, puro, de buena reputación, excelente y digno de alabanza (Filipenses 4.8)*
▶ *Renovar su mente (Romanos 12.2)*
▶ *Renovar su mente en el Espíritu (Efesios 4.23)*
▶ *Ceñir sus lomos con la verdad (Efesios 6.14)*

Este es, en gran medida, el paso más importante del Diario, porque es donde el arrepentimiento (cambio de mentalidad) rinde sus frutos. Es donde ocurren de manera más concreta la corrección y el entrenamiento disciplinado en justicia (2 Timoteo 3.17). Es la parte del adiestramiento, el principio Gumnazo, que mejor prepara a su hijo para lidiar bíblicamente con provocaciones y tentaciones futuras.

Al identificar y practicar alternativas bíblicas a los pensamientos y motivos pecaminosos del corazón, el cual hasta cierto grado ha sido entrenado en prácticas codiciosas, su hijo puede prepararse para desear aquellas cosas que le son lícitas.

Al responder a la pregunta: «¿Qué debí haberme dicho cuando me enojé?», el niño debe ser animado a identificar y escribir tantos pensamientos alternativos bíblicos como sea posible en un tiempo razonable (10-15 minutos al principio).

Estas alternativas deben reflejar, en primer lugar, exactitud teológica (enfocándose especialmente en la soberanía de Dios con relación a Su capacidad para haber prevenido que ocurriera la provocación); segundo, esperanza bíblica (especialmente con relación a como Él obra todas las cosas para bien de los creyentes predestinados a formarse a imagen de Cristo); y tercero, armarse con esos conceptos opuestos al enojo que identifican las Escrituras (amabilidad, contentamiento, bondad, ternura, perdón, etc.). Usted le puede ayudar a dar forma a sus respuestas y articularlas.

Como alternativas al pensamiento «*¡No es justo!*», el niño puede considerar, entre otras, las siguientes:

—«Señor, sé que pudiste haber evitado esta aparente injusticia, pero me doy cuenta de que tienes en ello un propósito. Por favor, ayúdame a responder a esta prueba de manera que me haga más semejante a Cristo».

—«No existe en realidad suficiente evidencia para que acuse a mi madre de injusta. Mejor no respondo a algo que no he escuchado bien» (Proverbios 18.13).

—«¿Hice algo que provocara a mi madre a responder de esta manera?»

—«Sea justo o no, debí haber respondido a mi madre con amabilidad y respeto. Debí pedir al Señor sabiduría».

—«La vida no siempre es justa, pero Dios siempre lo es. Necesito entregar mi causa «a Aquel que juzga justamente».

Para responder al pensamiento «*Mi mamá nunca me deja hacer lo que quiero*», considere las siguientes opciones:

—«Lo que el Señor quiere es mucho más importante que lo que yo quiero».

—«Quizás Él desea que yo haga ahora mismo algo más».

—«Si no puedo persuadirla respetuosamente, haciendo una apelación bíblica para que cambie de opinión, tendré que concluir que no es lo que el Señor desea. Ahora, ¿cómo debo hacer esa apelación?»

—«Decir "nunca" es exagerado; sí me parece que ella tiende a no darme lo que deseo tanto como a mí me gustaría que me lo diera, pero reuniré más información antes de siquiera pensar en hablar con ella de eso».

—«Si deseo tanto hacer lo que quiero, hasta el punto de pecar porque mi madre (y probablemente Dios) no me permite hacerlo, entonces estoy deseando más de lo que debiera hacer lo que quiero».

En reemplazo de «*No quiere que me divierta*», podrían utilizarse estos pensamientos correctos:

—«Si no me ha dicho cuáles son sus motivos en este caso, y ya que no puedo leer su mente, debo suponer en ella las mejores intenciones».

—«Dios está probablemente más interesado en que yo aproveche esta prueba como una oportunidad para crecer como cristiano, que en que yo me divierta».

—«Dios me ha dado algo más que divertirme para hacer en la vida».

—«Divertirme sólo es importante en relación con vivir mi vida para la gloria de Dios (es un medio para lograr un fin, no un fin en sí mismo)».

—«Algunas veces deseo demasiado divertirme».

En vez de «*Es egoísta, contenciosa y fiera*» ¿qué tal estos pensamientos?:

—«Es mi madre y Dios espera que la honre».

—«No puedo honrarla si me refiero a ella con apelativos no bíblicos».

—«La he acusado egoístamente, porque no me salí con la mía».

—«Lo que debí hacer es agradecerle lo que ha hecho y está haciendo por mí, y alabarla por sus buenas cualidades (tal como los hijos de la mujer de Proverbios 31 la exaltan y la llaman bendita)».

En lugar de «*No veo llegar el día cuando pueda irme de aquí*», quizás su hijo pudo haber reaccionado así:

—«Necesito perseverancia para, después de hacer la voluntad de Dios, heredar Su promesa».

—«Señor, perdóname por ser impaciente, y ayúdame a tener contentamiento».

—«Todo lo puedo en Cristo que me fortalece».

—«Mis padres son emisarios de Dios mediante los cuales Él ha determinado formarme a imagen de Cristo».

—«Si no aprendo lo que el Señor quiere que aprenda en estas circunstancias, cuando me vaya de aquí probablemente enfrentaré circunstancias similares o peores, para que aprenda lo que no haya aprendido ahora».

—«Mi estancia en este hogar es temporal. Dios dice que algún día deberé abandonarlo. Mientras siga aquí, seré paciente y agradeceré la oportunidad de crecer que tengo en él. Concentraré mi atención en cómo ministrar y complacer a mis padres, mientras permanezca bajo su autoridad».

«¡Eso nunca funcionará con mi hijo!»

En este punto es probable que algunos de ustedes estén diciendo: «¿Está bromeando? Mi hijo no conoce la Biblia tan bien como para producir tales pensamientos, ni tampoco parece deseoso de hacerlo. ¡Eso nunca funcionará con mi hijo».

En primer lugar, no estoy bromeando. Dios le ordena entrenar a su hijo para que aprenda a pensar y actuar como cristiano. Segundo, el uso del Diario del Corazón en la forma prescrita no sólo le ayudará a lograr esto, sino que también le familiarizará más con la Palabra de Dios al verse motivado a consultar las Escrituras (al principio, con su ayuda) para identificar, diagnosticar y corregir sus pensamientos y motivos pecaminosos. Tercero, en cuanto a su disposición, es Dios quien obra en su hijo creyente para que se muestre dispuesto a hacer Su buena voluntad (Filipenses 2.13).

Además, como el Diario del Corazón lidia específicamente con los motivos, se puede utilizar para identificar, diagnosticar y corregir la falta de deseos de llevar todo pensamiento cautivo a la obediencia de Cristo. Finalmente, recuerde, por favor, querido padre, que usted no es profeta, ni hijo o hija de profeta (Amós 7.14), y por lo tanto, debe abstenerse de predicciones no bíblicas como «Eso nunca funcionará con mi hijo». Especialmente, porque lo que estaría profetizando se opone a lo que establece nuestro Señor. Quizás debería considerar someterse personalmente a algunos Diarios del Corazón para corregir en el suyo cualquier pensamiento o motivo no bíblico.

Inculque a su hijo motivos piadosos

La última pregunta en el Diario del Corazón es «¿Qué debí haber deseado más que mis propios deseos egoístas / idólatras?»

La respuesta básica a esta pregunta en cada caso debe ser: «Glorificar a Dios». Este concepto puede ser expresado en una diversidad de maneras. Antes de identificar algunas formas de motivación que glorifican a Dios, consideremos algunos de esos deleites, amores y anhelos que las Escrituras animan al creyente a desarrollar. Por cierto, podría decirse que un niño que carezca por completo de estos deseos probablemente no es cristiano, y por tanto debe instársele a examinarse para ver si realmente está en la fe (2 Corintios 13.5).

El primer amor de un cristiano debe ser el amor al Señor su Dios que deben exudar su corazón, su mente y su alma con todas sus fuerzas (Lucas 19.27). Este debe ser el motivo supremo de todo lo que hace un cristiano. Adicionalmente, puede tener en su corazón motivos buenos y nobles, pero el amor a Dios debe ser preeminente. El principal motivo de un cristiano, después de amar al Señor, debe ser amar a su prójimo como (con igual intensidad que) a sí mismo. Tal como todo hombre, de manera natural, «se alimenta y cuida a sí mismo», el cristiano debe amar en igual grado a su prójimo (Lucas 10.27).

A partir de estos dos amores justos, podemos categorizar otros amores legítimos que la Biblia menciona por sus nombres. Por supuesto, éstos son legítimos en el grado en que estén subordinados al amor a Dios. Aquí tenemos una lista parcial:

Amores Legítimos

El amor a la Palabra de Dios	*Salmo 119.140*
El amor a la Sabiduría	*Proverbios 4.6; 8.17*
El amor a la Misericordia	*Miqueas 6.8*
El amor a la Verdad	*2 Tesalonicenses 2.10*
El amor a la Paz	*Zacarías 8.19*
El amor a lo Bueno	*Amós 5.15*
El amor al regreso del Señor	*2 Timoteo 4.8*
El amor a la vida (no la propia)	*1 Pedro 3.10*
El amor a la luz	*Juan 3.19*
El amor al cónyuge	*Efesios 5.25*

Al entrenar a su hijo para responder a esta última pregunta del Diario del Corazón, lo estará preparando para desarrollar la motivación apropiada y para fijar sus afectos en las cosas del Cielo, y no en las de la Tierra (Colosenses 3.2).

Cuando Pedro reprendió al Señor después de escuchar la profecía acerca de Su inminente sufrimiento, fue a su vez reprendido:

«No pones la mira en las cosas de Dios, sino en las de los hombres» (Mateo 16.23).

Pablo contrasta a los «enemigos de la cruz de Cristo; el fin de los cuales será perdición, cuyo dios es el vientre, y cuya gloria es su vergüenza; que sólo piensan en lo terrenal» con esos creyentes genuinos cuya «ciudadanía está en los cielos» y que con ansia esperan al Salvador, al Señor Jesucristo (Filipenses. 3.18-20). Al responder a esta última pregunta, su hijo identificará aquello que debe amar, buscar, desear; donde debe poner sus afectos, deleitarse, etc. Estará valiéndose de la «leve tribulación momentánea» para producir «un cada vez más excelente y eterno peso de gloria», a medida que aprenda con los ojos de su corazón a no mirar «las cosas que se ven, pues las cosas que se ven son temporales, pero las que no se ven son eternas» (2 Corintios 4.17, 18). Con cada situación que alguna vez haya provocado su corazón a enojo pecaminoso, como resultado de deleitarse demasiado en algún placer temporal, su hijo puede aprender a deleitarse en cumplir cada vez más la voluntad revelada de Dios.

«El hacer tu voluntad, Dios mío, me ha agradado, y tu ley está en medio de mi corazón» (Salmo 40.8).

En vez de preguntarse: «¿Qué es lo que deseo hacer?» el niño puede ser adiestrado para preguntar al Señor: «¿Qué deseas que yo haga?»

Ahora bien, ¿cuáles son los motivos (deseos) bíblicos alternativos a los que su hijo puede recurrir cuando descubre en su corazón motivos idólatras? ¿Cómo puede expresar el deseo de amar, glorificar y obedecer a Dios para que pueda crecer en madurez? ¿Cuál es la respuesta correcta a la pregunta: «¿Qué debí haber deseado más que mis propios deseos egoístas / idólatras?» A continuación le presento una lista para estimular su pensamiento en esa dirección. Al lado de cada respuesta he sugerido una cita de las Escrituras para que la memorice, a fin de fomentar el cultivo de cada uno de estos motivos piadosos.

Deseos justos

Amar y glorificar a Dios por medio de ...	*Mateo 5.16*
Deleitarse en hacer la voluntad de Dios	
que era ...	*Salmo 40.8*
Ser más como Jesús de esta manera ...	*2 Corintios 3.18*
Amar al prójimo como a ti mismo	*Mateo 22.34-40*
Tener sabiduría y entendimiento	*Proverbios 4.5-9*
Honrar y obedecer a los padres	*Efesios 6.1-3*
Deleitarse en la Palabra de Dios	*Salmo 1.2*
Deleitarse más en dar que en recibir	*Hechos 20.35*
Ministrar a los demás	*Mateo 20.25-28*
Ofrecer una bendición	*1 Pedro 3.8-16*
Mostrar a mis padres que soy digno de	
confianza	*Proverbios 20.6*

Regresando a nuestro ejemplo original sobre el niño que se quejaba de que no se le permitiera visitar a un amigo por existir compromisos previos, echemos otra ojeada a los pensamientos que fueron analizados como deseos potencialmente negativos, junto con los pensamientos apropiados respectivos, según la Biblia.

Pensamientos originales

«¡No es justo!»
«Mi mamá nunca me deja hacer lo que quiero».
«No veo llegar el día en que pueda irme de aquí».

Deseos originales

Amor al Control
(Deseo de usurpar la autoridad de los padres)

Versus

Pensamientos Apropiados

«La vida no siempre es justa, pero Dios siempre lo es».
«Necesito entregar mi causa a Aquel que juzga justamente».
«Lo que el Señor quiere es mucho más importante que lo que yo quiero. Quizás Él quiere que yo haga algo más ahora mismo».

Deseos Apropiados

Deleitarse en hacer la voluntad de Dios.
Ser más como Jesucristo.
Honrar y obedecer a mis padres.
Controlar sólo aquellas cosas de las que soy responsable según la Biblia y confiar que el Dios soberano obra todas las

«Mis padres son emisarios de Dios por medio de los cuales Él ha determinado hacerme a la imagen de Cristo».

Pensamientos originales

«Nunca me permite hacer lo que quiero»
«No quiere que me divierta»

Versus

Pensamientos Apropiados

«Lo que Dios quiere es más importante que lo que yo quiero. Si quiero tanto hacer lo que deseo, hasta el punto de pecar porque mi madre (y Dios) me lo prohíbe, entonces deseo lo que quiero hacer más de lo que debiera».

«Divertirse sólo es importante en relación con vivir mi vida para la gloria de Dios. Es un medio para lograr un fin, no un fin en sí mismo».

«Dios está más interesado en que yo crezca como cristiano por medio de esta prueba que en que yo me divierta».

cosas para bien (especialmente aquellas que no puedo controlar).

Deseos originales

Amor al Placer

Deseos Apropiados

Conocer a Cristo, el poder de Su resurrección, la participación de sus sufrimientos ...

Ser santo, más que ser feliz.

Ser formado a la imagen de Cristo (lo cual me traerá felicidad y placer duraderos).

Pensamientos originales

«Es egoísta, contenciosa y fiera»

Deseos originales

Venganza o Malicia

Versus

Pensamientos Apropiados

«Es mi madre, y Dios espera que la honre».
«No puedo honrarla si me refiero a ella con apelativos irrespestuosos. Lo que debería hacer es bendecirla, agradecerle lo que ha hecho y está haciendo por mí, y alabarla por sus buenas cualidades».

Deseos Apropiados

Honrar a mis padres.
Glorificar a Dios.
Bendecir a los demás.
Hacer el bien y ser bueno.

Para concluir este capítulo, he aquí dos Diarios del Corazón paralelos a los dos escenarios empleados para completar los Diarios de Enojo en el capítulo 6. Recuerde que son sólo ejemplos, y que no son las únicas respuestas correctas. Existe una amplia diversidad de respuestas posibles que son igualmente (o más) correctas.

DIARIO DEL CORAZÓN (EJEMPLO 1)

1. ¿Qué circunstancias condujeron a que me enojara? (¿Qué pasó que me provocó al enojo?)

Estaba jugando baloncesto en el canasto que tenemos en el patio, cuando papá se asomó por la puerta trasera e insistió en que entrara para hacer mis deberes escolares. Le dijo a mi amigo, que estaba jugando conmigo, que regresara al día siguiente.

2. ¿Qué me dije (en mi corazón) cuando me enojé? (¿Qué quería, deseaba o anhelaba cuando me enojé?)

Estoy a la mitad del partido. No puedo creer que esté arruinando mi diversión. Odio cuando hace eso. Siempre está expulsando a mis amigos. ¡Es mi vida! ¿Por qué no me deja hacer lo que quiero? (Quería terminar el juego de baloncesto con mi amigo. Quería divertirme. Quiero decidir cuando debo jugar y cuando hacer mis deberes escolares).

3. ¿Qué dice la Biblia acerca de lo que me dije cuando me enojé? (¿Qué dice la Biblia acerca de lo que quería cuando me enojé?)

La Biblia dice que mis pensamientos fueron pecaminosos: egoístas, rencorosos, deshonestos, rebeldes. (La Biblia dice que mis deseos fueron idólatras porque amé más el placer que a Dios. También, como deseé controlar la situación, lo que él hizo me privó de la responsabilidad de controlar. Amé más el «estar en control» que a él).

4. ¿Qué debí haberme dicho cuando me enojé? (¿Qué debí haber deseado más que mis propios deseos egoístas / idólatras?)

Pude haberme dicho: «Estoy en medio de un juego. Quizá puedo apelar a papá para que me permita terminar el juego antes de comenzar mis deberes. Si no, tendré que suponer que el Señor tiene otros planes para mi tiempo. De una cosa estoy seguro —mi diversión no es tan importante para el Señor como que yo honre a mi padre. Será muy bueno cuando mi padre me confíe la responsabilidad de mi horario y pueda tomar mis propias decisiones. Mientras más le obedezca, probablemente confiará más en mí. (Debí haber deseado amar a Dios más que al placer de jugar baloncesto. Debí haber deseado ser más semejante a Cristo y someterme a la voluntad de mi padre en lugar de imponer pecaminosamente mi voluntad sobre la suya).

DIARIO DEL CORAZÓN (EJEMPLO 2)

1. ¿Qué circunstancias condujeron a que me enojara? (¿Qué pasó que me provocó al enojo?)

Cuando le pedí a mamá que me comprara un balón, ella me dijo que no, porque no he recuperado la confianza que perdí la última vez que me compró uno, cuando, enojado con mi hermano menor, lo golpeé con él.

2. ¿Qué me dije (en mi corazón) cuando me enojé? (¿Qué quería, deseaba o anhelaba cuando me enojé?)

Soy el mejor con el balón en mi vecindario. Necesito tener ese balón para demostrarles a mis amigos lo bueno que soy. Ella nunca más me va a confiar nada. Pero me las va a pagar: dejaré que cargue ella sola todos los paquetes hasta el auto. (Quería el balón para divertirme y presumir ante mis amigos).

3. ¿Qué dice la Biblia acerca de lo que me dije cuando me enojé? (¿Qué dice la Biblia acerca de lo que quería cuando me enojé?)

La Biblia dice que mis pensamientos fueron orgullosos, vengativos, temerarios, jactanciosos, faltos de amor y presuntuosos. (La Biblia dice que mis deseos fueron idólatras porque amé más el placer que a Dios, y amé más la aprobación del hombre que la aprobación de Dios).

4. ¿Qué debí haberme dicho cuando me enojé? (¿Qué debí haber deseado más que mis propios deseos egoístas / idólatras?)

Creo que el Señor no quiere que tenga ese balón ahora mismo. Quizás Él sabe que si lo tuviera ahora me vería tentado a usarlo para conseguir aprobación, en vez de para glorificarle a Él. Cuando demuestre con el tiempo que puedo controlar mi enojo, mi madre probablemente me permitirá tener uno. En vez de escenificar mi rabieta habitual, voy a bendecir a mamá ayudándola a llevar los paquetes al auto.

Preguntas

1. ¿Cuáles son los tres deseos principales de su corazón que sin ser inherentemente pecaminosos le han empujado más al pecado?

2. Pida a sus hijos que identifiquen los tres deseos principales de su corazón que sin ser inherentemente pecaminosos les han empujado más al pecado ¿Cuál debería ser su primer amor (su mayor deseo)? ¿Existe algo que usted alguna vez desee más que eso? Explique.

3. ¿Cuáles cree que serían los beneficios si usted entrenara exitosamente a sus hijos para hacerse automáticamente las preguntas del Diario del Corazón cada vez que se vieran tentados a enojarse?

4. Lleve su propio Diario del Corazón durante las próximas dos semanas. Revise todos sus diarios, para identificar cualquier «denominador común» (no sólo en lo referente a «catalizadores», sino también por una frecuente ocurrencia de pensamientos y motivos no bíblicos).

9

Falta de respeto y manipulación

Cuando aconsejo a los padres de hijos iracundos, les someto al siguiente examen para determinar cuán manipulador puede ser el niño. Para tomar el examen, use la escala de evaluación que sigue y asigne un valor a los enunciados de la lista según la frecuencia con que ocurren.

Escala de Evaluación

Nunca o casi nunca..............*5*

Rara vez................................*4*

Ocasionalmente......................*3*

Frecuentemente......................*2*

Casi siempre..........................*1*

Siempre................................*0*

Examen de manipulación

_____ 1. Tengo que repetir y/o enunciar de otra forma las instrucciones para que mi hijo las siga.

_____ 2. Cuando le pido a mi hijo que haga algo, me pregunta, «¿Por qué?»

_____ 3. Me sorprendo justificando mis decisiones ante mi hijo.

_____ 4. Me preocupan ciertos «temas» que, al parecer, debo discutir una y otra vez con mi hijo.

_____ 5. Termino las discusiones con mi hijo sintiéndome culpable.

_____ 6. Mi hijo me miente.

_____ 7. Mi hijo es disciplinado casi invariablemente por uno solo de sus padres.

_____ 8. Cancelo las medidas disciplinarias (o retiro las restricciones) luego de escuchar las apelaciones de mi hijo.

_____ 9. Me sorprendo defendiendo mis posiciones ante mis hijos.

_____10. Me frustra que mi hijo parezca estar más allá de mi control.

_____11. Cuando intento disciplinarlo, mi hijo emplea distracciones inteligentes que desvían mi atención.

_____12. Mi hijo trata de obligarme a comportarme de cierta manera diciéndome qué debo hacer (no por razones bíblicas).

_____13. Cuando mi hijo desea algo de mí, trata de motivarme para que se lo dé, sin decirme directamente qué es lo que quiere.

_____14. Mi hijo consigue aplazar sus deberes por medio de tácticas para interrumpir lo que está haciendo cuando le asigno alguna responsabilidad.

_____15. Mi hijo sabe jugar con mis emociones para lograr lo que se propone.

_____16. Dudo decirle «no» a mi hijo por temor a su reacción.

_____17. No consigo completar la instrucción y disciplina de mi hijo debido a su falta de disposición para cooperar.

_____18. Mi hijo es tan obstinado cuando quiere salirse con la suya que termino cediendo a sus deseos o renuncio a tratar de entrenarlo.

_____19. Mi hijo continúa rogando y suplicando que le deje hacer lo que quiere, aun después de haberle denegado su primera apelación.

_____20. Mi hijo es más desobediente e irrespesuoso delante de otros que cuando sabe que es menos probable que su conducta me avergüence.

_____ Puntuación Final

Cómo calificar su test

Sume los puntos para determinar la puntuación final. De un total posible de 100, si su puntuación final es de 90 o más, usted es probablemente bastante propenso a impedir que su hijo le manipule. Si la suma de los puntos está entre 75 y 90, probablemente le manipula en un grado relativamente moderado. Si su total está por debajo de 75, es muy posible que esté siendo objeto de constante manipulación. Mientras menor sea su puntuación final, mayor será el esfuerzo que tendrá que hacer por aprender y aplicar los principios de este capítulo.

Falta de respeto, manipulación y enojo

¿Sabe de qué manera se vinculan con el enojo la falta de respeto y la manipulación? Los mismos deseos que le tientan a pecar con su enojo cuando no se sale con la suya, le seducen a emplear medios pecaminosos para obtener lo que desea. «Cada uno es tentado, cuando de su propia concupiscencia es atraído y seducido» (Santiago 1.14). Como recordará, un deseo idólatra ocurre cuando deseamos tanto algo que estamos dispuestos a pecar con tal de obtenerlo, o a pecar porque no lo obtuvimos. Muchos pecan enojándose si no pueden obtener lo que desean. La manipulación y la falta de respeto son otros dos pecados comunes a los que muchos recurren para obtener aquello que desean desmedidamente.

¿Qué es la manipulación?

La manipulación es un intento por controlar a alguien. Para un cristiano, la manipulación consiste en usar medios no bíblicos para controlar o influenciar a otra persona. Para ser más específicos, a menudo es un intento por controlar a un individuo o situación por la vía de provocar en ese individuo una reacción emocional en vez de una respuesta bíblica. En Lucas capítulo diez, por ejemplo, «Marta se preocupaba con muchos quehaceres, y acercándose (a Jesús), dijo: Señor, ¿no te da cuidado que mi hermana me deje servir sola? Dile, pues, que me ayude».

Marta deseaba, quizás demasiado, que le ayudaran con la preparación de la comida, y estaba frustrada porque su hermana la había dejado que sirviera sola. En vez de decir al Señor exactamente lo que quería (ayuda en la cocina), intentó jugar con Sus emociones (simpatía y quizás culpabilidad): «¿No te da cuidado?» En esta reacción de Marta se observa otro elemento de la manipulación. Estaba intentando motivar a alguien para que cumpliera sus deseos personales (otra vez esa palabra) sin declararlos con claridad. Una apelación bien expresada a la compasión no es necesariamente mala, siempre y cuando el deseo verdadero detrás de ella sea también expresado (en este caso el deseo que Marta tenía de que la ayudaran). Hacer lo contrario suele ser deshonesto, porque estamos ocultando información necesaria para la persona a quien le hacemos la apelación.

Antes de considerar cómo respondió Jesús a éste y a otros casos de manipulación por parte de amigos y enemigos, me gustaría desarrollar más el concepto de la manipulación emocional. El siguiente esquema servirá para simplificar e ilustrar las formas y los medios de la manipulación por parte de los hijos. En la primera columna, Comportamiento Manipulador, hay una lista de algunas de las formas más comunes en que los niños tienden a manipular a sus padres. Pero recuerde, su hijo puede estar o no consciente de su propia manipulación.

La segunda columna, Respuesta Emocional Deseada, señala lo que el niño puede estar deseando producir en usted con su comportamiento manipulador. De nuevo, recuerde que él bien podría haber practicado (gumnazo) sus formas de manipulación por tanto tiempo que en un momento dado podría no ser consciente de cuáles son en realidad sus deseos. La función de usted es ayudarle a ver cuáles son, y demostrarle que son egoístas y pecaminosos.

La tercera columna, Reacción de los Padres, identifica las reacciones necias de un padre que acaba de ser manipulado con éxito por su niño prodigio. Cuando esto nos ocurre, acabamos de ser vencidos por el mal en vez de vencer el mal con el bien (Romanos 12.21).

La cuarta columna, Efecto Controlador Deseado, incluye el efecto controlador que su hijo intenta lograr en usted con su manipulación. De éste, es muy probable que sí esté consciente, independientemente del grado de conciencia que tenga de los otros.

La quinta columna, Motivos Pecaminosos, sugiere algunos de los tantos motivos posibles para la manipulación. O sea, especifica aquellos deseos potenciales (mencionados en el capítulo anterior) tan intensos que su hijo está dispuesto a emplear la manipulación (pecado) a fin de obtener lo que desea. Sugiero estos motivos para que usted, como padre, pueda no sólo entender mejor el origen de la manipulación por parte de su hijo, sino también para ayudarle a identificar y corregir de raíz el problema.

Elementos del comportamiento manipulador

Comportamiento	Respuesta Emocional Deseada	Reacción de los Padres	Efecto controlador deseado	Motivos pecaminosos
Acusación	Culpabilidad	Defenderse	Aplazar la acción	Amor al placer
Críticas	Vergüenza	Justificar acciones	Evitar obligación	Amor al poder
Llanto	Turbación	Echar la culpa a otro	Hacer cambiar de opinión a los padres	Amor a la alabanza
Preguntar «¿Por qué?»	Herir	Responder a las preguntas «¿Por qué?»	Rebajar la moral de los padres	Amor al dinero
Declaraciones	Enojo	Mal humor	Rescindir el castigo de los padres	Amor a (cualquier cosa) comida, seguridad, no tener deberes escolares, comodidad, juguetes, libertad, un carro, etc... (Ver Apéndice C para conocer más motivos)
Reaccionar gritando Lloriqueo Hacer pucheros Negar muestras de afecto Indiferencia				

Cristo nunca le dio a un necio una respuesta necia. Nunca usó la necedad para vencer la necedad. Cuando se comunicaba con necios, jamás empleaba formas de comunicación que violaran lo preceptuado en las Escrituras. Aunque sí respondía a la necedad, no respondía en el estilo del necio. En otras palabras, no permitía que el necio con quien hablaba le rebajara a su nivel, jugando Él los mismos juegos pecaminosos de comunicación que su oponente.

Lo que sí hacía cuando respondía a la palabrería hueca de los necios era mostrarles su propia necedad. Aquellos que se acercaban a Cristo con la intención de manipularle (a menudo para tratar de hacerle lucir como un tonto), se alejaban conscientes de cuán necios eran ellos mismos. La naturaleza exacta de cómo lo lograba será discutida más adelante en este capítulo, pero primero usted debe entender el principio general de Proverbios 26.4-5. Debe entender cómo aplicar ese principio a su hijo cuando esté actuando como el necio que se menciona en Proverbios 17.21, 25 que causa tanto dolor a sus padres.

Una respuesta bíblica para el necio

Salomón habló de la agonía emocional asociada con la educación de un hijo tan lleno de necedad que puede ser clasificado bíblicamente como un «necio». «El hijo necio es pesadumbre de su padre, y amargura a la que lo dio a luz» (Proverbios 17.25). Razones de tiempo y espacio no me permitirán desarrollar a plenitud todo lo concerniente a las respuestas bíblicas apropiadas para dar a un necio. Sin embargo, hay una que sí debo mencionar, pues de este precepto fluye la esencia de lo que Cristo hacía al tratar con manipuladores. De manera consistente, Él empleaba la sabiduría de los Proverbios al tratar con las peticiones, tretas e intentos necios por controlarle: «Nunca respondas al necio de acuerdo con su necedad, para que no seas tú también como él» (Proverbios 26.4). Y también este corolario: «Responde al necio como merece su necedad, para que no se estime sabio en su propia opinión» (Proverbios 26.5).

El siguiente cuadro contrasta la diferencia entre responder al niño necio de acuerdo con su necedad y responderle como merece su necedad.

Cómo responder a un niño necio

De acuerdo con su necedad (Pr 26.4)	*Como merece su necedad (Pr 26.5)*
1. Usted es llevado a un conflicto por su hijo.	1. Usted tiene el control de la conversación con su hijo.
2. Permite a su hijo emplear con éxito comportamientos pecaminosos y manipuladores.	2. Confronta bíblicamente a su hijo cuando emplea comportamientos pecaminosos y manipuladores.
3. Reacciona de manera airada, motivado por emociones diferentes al amor por su hijo.	3. Responde por amor con una respuesta bíblica bien pensada que busca desterrar la necedad del corazón de su hijo.
4. Recurre a defenderse, justificar sus acciones, culpar a otro, responder a las preguntas «¿por qué?», argumentar, etc.	4. Identifica y pone fin efectivamente al comportamiento manipulador de su hijo.
5. Permite que su hijo diga la última palabra de la conversación antes de que haya tenido lugar una corrección bíblica.	5. No permite que la conversación termine hasta que haya tenido lugar la disciplina y/o corrección bíblica, para que su hijo reconozca su pecado y se arrepienta de él.
6. Usted se aleja sintiéndose culpable, intimidado, frustrado, exasperado, fracasado, y/o fuera de control.	6. Se aleja confiado en que, por la gracia de Dios, tiene bajo su control el entrenamiento de su hijo y lo ha culminado con éxito.
7. Su hijo se aleja con la satisfacción de saber que le ha castigado o manipulado.	7. Su hijo se aleja sabiendo que usted ha frustrado exitosamente su intento de faltarte el respeto y manipularle.

Las Escrituras registran muchos ejemplos de individuos que intentaron manipular a Cristo. ¡Ninguno tuvo éxito jamás! Al estudiar las respuestas de Cristo a esos manipuladores, he identificado, por lo menos, dos técnicas contra la manipulación que Jesús usó a menudo. Las dos se manifiestan juntas frecuentemente, pero casi siempre, al menos una de ellas es usada.

¡Advertencia!

Debo hacer una advertencia antes de explicar en qué consisten estas técnicas. Cristo no podía pecar. Por lo tanto, sus motivos eran impecables al responder a las peticiones y preguntas necias de aquellos que querían manipularle. Siempre deseaba agradar y glorificar a su Padre. No es bueno usar con fines egoístas los recursos bíblicos que usted está a punto de aprender. Hacer esto no sólo sería malo (el mismo mal con el que usted estás tratando de lidiar bíblicamente: la manipulación), sino que tampoco contaría con la bendición de Dios y probablemente sería contraproducente. En otras palabras, para Dios es pecado el valerse de las armas bíblicas diseñadas para pelear contra el mal con el fin de obtener lo que uno desea, y no lo que Él dispuso. Si espera que Dios le bendiga en sus esfuerzos por impedir que su hijo le manipule, antes de intentar usar estos recursos debe estar seguro de que sus motivos son puros.

Mecanismos contra la Manipulación

Ahora que le hecho esta advertencia, le explicaré estos dos mecanismos contra la manipulación:

1. *Apelar a la responsabilidad personal del manipulador* (la cual, típicamente, no ha sido cumplida).

2. *Apelar a la Palabra de Dios (la voluntad de Dios) como el estándar para juzgar al manipulador.*

Por ejemplo, regresemos a la historia de Marta y María narrada en Lucas 10:

«Aconteció que yendo de camino, entró en una aldea; y una mujer llamada Marta le recibió en su casa. Esta tenía una hermana que se llamaba María, la cual, sentándose a los pies de Jesús, oía su palabra. Pero Marta se preocupaba con muchos quehaceres, y acercándose, dijo: Señor, ¿no te da cuidado que mi hermana me deje servir sola? Dile, pues, que me ayude. Respondiendo Jesús, le dijo: Marta, Marta, afanada y turbada estás con muchas cosas. Pero sólo una cosa es necesaria; y María ha escogido la buena parte, la cual no le será quitada». (Lucas 10.38-42)

¿Cómo enfrentó Cristo el intento de María por presionarle para que le diera lo que ella quería? Primero, apeló a sus responsabilidades personales. Le dijo: «Marta, Marta, afanada y turbada estás con muchas cosas. Pero sólo una cosa es necesaria». En otra parte Jesús les dice a Sus discípulos que no deberían preocuparse (Mateo 6.25) o estar turbados (Juan 14.1). Por tanto, Marta no estaba cumpliendo al menos con dos responsabilidades bíblicas, y Jesús la reprendió. Le recordó que la única responsabilidad necesaria era sentarse a Sus pies y escuchar la Palabra de Dios.

Segundo, apeló con sutileza, aunque definitivamente, a la voluntad de Dios. Dijo: «Pero sólo una cosa es necesaria; y María ha escogido la buena parte, la cual no le será quitada». Durante Su propia tentación, cuando Jesús estuvo cuarenta días en el desierto, le respondió al diablo: «No sólo de pan vivirá el hombre, sino de toda palabra que sale de la boca de Dios» (Mateo 4.4; Lucas 4.4). Consecuentemente, María, que se deleitaba en la Palabra de Dios, fue alabada por hacer lo bueno (lo correcto). El hecho de que Jesús calificara como «necesario» y «bueno» lo que María había «escogido» hacer, implica que ella estaba haciendo la voluntad de Dios.

Las primeras palabras pronunciadas por Cristo en la Biblia

Para ampliar esto, examinemos las primeras palabras pronunciadas por Cristo en la Biblia. Sus padres fueron presa de la ansiedad cuando se dieron cuenta que no había regresado del Templo con ellos a Nazaret. Cuando lo encontraron tres días después «en el templo, sentado en medio de los doctores de la ley, oyéndoles y preguntándoles… se sorprendieron; y le dijo su madre: Hijo, ¿por qué nos has hecho así? He aquí, tu padre y yo te hemos buscado con angustia» (Lucas 2.46-48). Fíjese en el uso que se da a las preguntas. Aquí es evidente el empleo de preguntas del tipo «¿por qué?», claramente utilizadas[16] para implicar culpabilidad. Notemos la apelación por medio de la simpatía («Nos has lastimado al angustiarnos»). Tal vez usted nunca había detectado manipulación en la represión de María a la conducta de Jesús. Pero, consciente o inconscientemente, en tanto trató de hacerle sentir culpable o responsable por su ansiedad estaba, técnicamente, recurriendo a una manipulación.

Al leer la respuesta de Cristo, procure descubrir los mecanismos contra la manipulación que mencionamos anteriormente:

«¿Por qué me buscabais? ¿No sabíais que en los negocios de mi Padre me es necesario estar?» (Lucas 2.49)

¿Se dio cuenta?

Primero, Jesús apeló a la responsabilidad personal: «¿No sabíais …?» Más que nadie, María y José debían saber (era su responsabilidad saber) que Él era el Cristo y que Dios le había dado responsabilidades que debía cumplir.

Segundo, Jesús apeló a la voluntad de Dios. «¿No sabíais que … me es necesario estar?» María y José debían saber que Jesús tenía que atender los negocios de Su Padre celestial, no sólo en virtud de las múltiples profecías del Antiguo Testamento escritas acerca del ministerio del Mesías, sino también por lo que Gabriel (Lucas 1.26-38), Zacarías (Lucas 1.68-79), Simeón (Lucas 2.21-35) y Ana la profetisa (Lucas 2.36-38) habían dicho de Él.

En contra de los fariseos

Jesús usó también estos recursos contra la manipulación en otra ocasión, cuando se le acusó de trabajar en el día de reposo.

«Aconteció en un día de reposo, que pasando Jesús por los sembrados, sus discípulos arrancaban espigas y comían, restregándolas con las manos» (Lucas 6.1).

En esta ocasión los discípulos seguían a Cristo por un trigal. Mientras caminaban, algunos comenzaron a arrancar espigas. Para separar la cáscara del salvado del germen de cada grano, tenían que restregar el grano entre sus manos y luego soplar fuerte para esparcir en el aire la ligera cáscara y quedarse con el germen. Ante los ojos de los fariseos, que se aferraban con mayor tenacidad a sus tradiciones que a las palabras de las Escrituras, esta «cosecha» era considerada un trabajo; y por tanto era ilegal en el día de reposo (Ezequiel 34.2).

«Y algunos de los fariseos les dijeron: ¿Por qué hacéis lo que no es lícito hacer en los días de reposo?»

¿Se da cuenta cómo se vuelve a usar aquí la pregunta del tipo «Por qué»? Con esta interrogante, los acusadores de Jesús estaban probablemente tratando de desacreditarle (ponerle en vergüenza) o quizás intentando cargar su conciencia con un sentimiento de culpabilidad. Independientemente de sus motivos (el texto no los precisa), los fariseos procuraban manipular al Señor; pero Cristo lo detectó sabiamente y respondió a la manipulación.

Les respondió: «¿Ni aun esto habéis leído… ,(una apelación a la responsabilidad personal: eran fariseos y debían conocer las Escrituras) lo que hizo David cuando tuvo hambre él, y los que con él estaban; cómo entró en la casa de Dios, y tomó los panes de la proposición, de los cuales no es lícito comer sino sólo a los sacerdotes, y comió, y dio también a los que estaban con él?» (Una apelación a la Palabra de Dios: Jesús les remitió a lo que está escrito en 1 Samuel 21.1-6, una salvedad a la Ley que prohibía que, fuera de los sacerdotes, alguien más comiera del Pan Santo del Templo como prescribe Levítico 24.5-9). De esta manera, para subrayar un punto más importante, comparó a David y a sus hombres con Él y sus discípulos. En otras palabras, Jesús les dijo que, si fue lícito que David y sus hombres quebrantaran la ley comiendo del Pan Santo, era lícito para él y sus discípulos violar las tradiciones humanas, porque Jesús es mayor que David. Él es el Hijo del Hombre y «el Hijo del hombre es Señor del día de reposo».

Frente a los sacerdotes y los escribas

Después de relatar la parábola del dueño de la viña, con el propósito de responsabilizar a algunos sacerdotes principales y escribas por no reconocer en Él al Mesías, Cristo se volvió el blanco de sus ataques. Observe la clara intención que tenían de sorprenderle en alguna falta.

«Procuraban los principales sacerdotes y los escribas echarle mano en aquella hora, porque comprendieron que contra ellos había dicho esta parábola; pero temieron al pueblo. Y acechándole, enviaron espías que se simulasen justos, a fin de sorprenderle en alguna palabra, para entregarle al poder y autoridad del gobernador. Y le preguntaron, diciendo: Maestro, sabemos que dices y enseñas rectamente, y que no haces acepción de persona, sino que enseñas el camino de Dios con verdad. ¿Nos es lícito dar tributo a César, o no?» (Lucas 20.19-20)

Note también la adulación (versículo 21), que sin duda tenía la intención de aparentar sinceridad ante la gente. De nuevo, ellos usaron una pregunta (versículo 22) y limitaron las opciones de respuesta a dos: «Sí» o «No». Querían que Jesús quedara mal con la gente o con el gobierno. Al considerar el resto de la narración, podremos notar que Él detectó la manipulación (versículo 23); que respondió a la pregunta con otra (versículo 24); que empleó sus dos armas favoritas contra la manipulación (versículo 25); y que silenció así a sus manipuladores (versículo 26).

«Mas él, comprendiendo la astucia de ellos, les dijo: ¿Por qué me tentáis? Mostradme la moneda. ¿De quién tiene la imagen y la inscripción? Y respondiendo dijeron: De César. Entonces les dijo: Pues dad a César lo que es de César, y a Dios lo que es de Dios. Y no pudieron sorprenderle en palabra alguna delante del pueblo, sino que maravillados de su respuesta, callaron». (Lucas 20.23-26)

¿Pudo identificar los dos mecanismos?:

1. *Apelación a la responsabilidad personal*— (un mandamiento directo: «Dad a César…») Era su responsabilidad obedecer a César y pagar impuestos, como también lo era honrar a Dios con las primicias de sus ganancias.

2. *Apelación a la Voluntad de Dios*— Debían dar a Dios lo que las Escrituras dicen que a Él le pertenece. «… y a Dios lo que es de Dios». La palabra «dad» significa hacer algo necesario en cumplimiento de una obligación o expectativa.[17]

De nuevo el tiempo y el espacio me prohíben seguir ilustrando en este capítulo el empleo que hizo Jesús de estos dos recursos para responder «al necio como merece su necedad». Reducir a estas dos respuestas la riqueza de entendimiento que podemos obtener estudiando todas las que dio Cristo en tales situaciones sería trivializar Su sabiduría infinita, y pasar por alto muchas verdades importantes además de las dos en que se enfocó este capítulo. No obstante, creo que estos dos principios son de vital importancia para aprender a responder a los manipuladores en general, y a los niños manipuladores en particular. El próximo capítulo está dedicado a aplicarlos al entrenamiento de los niños, especialmente de aquellos niños que batallan con su enojo.

Preguntas

1. ¿En qué formas es más probable que sus hijos traten de manipularle? (Describa algunas de las técnicas de manipulación a que recurren sus hijos para sacar de usted lo que quieren.)
2. Basándose en sus respuestas al examen de manipulación, ¿qué respuestas emocionales encuentra que tiene más a menudo? (Culpabilidad, vergüenza, embarazo, sentirse herido, ira, impaciencia, etc.)
3. ¿Cuáles (si es que alguna) de las reacciones paternas incorrectas ha descubierto usted que utiliza en respuesta a la manipulación? (Defenderse, justificarse, proyectar la culpa, responder a preguntas del tipo «por qué», gritar, darse por vencido, etc.)
4 ¿En qué grado ha respondido usted de manera necia a las reacciones necias (manipulativas) de sus hijos «de acuerdo con su necedad?»
5. ¿Cómo piensa empezar a «responder a las reacciones necias (manipulativas) de sus hijos "como merece su necedad"»?

10

Cómo derrotar la falta de respeto y la manipulación

El desarrollo del material que contiene este capítulo comenzó hace años cuando intentaba preparar a una madre joven para lidiar con su hijo irrespetuoso. Le pedí que llevara un diario para que describiera en él detalladamente sus diálogos con su hijo en momentos de conflicto. En cada sesión, abríamos el diario para diagnosticar desde una perspectiva bíblica cada intercambio verbal erróneo. Luego, le ayudaba a analizar bíblicamente el conflicto. Era nuestra meta que el hijo aprendiera a comunicar sus deseos sin ser irrespetuoso. La madre debía aprender a detectar y derrotar el comportamiento manipulador de su hijo. Descubrí que este método era beneficioso, y así se desarrolló el Diario del Conflicto. (Ver el Apéndice E, donde hallará un modelo que puede fotocopiar para usarlo.)

El Diario del Conflicto

En el siguiente ejemplo del Diario del Conflicto, observe cómo la adolescente distrae astutamente a su madre por medio de una manipulación. Notemos también cómo la madre reacciona del mismo modo, respondiendo al necio de acuerdo con («del mismo modo que») su necedad.

DIARIO DEL CONFLICTO (Ejemplo)

Circunstancias que rodean el conflicto:
Al llegar de la escuela, la madre le pidió a Phyllis que limpiara su cuarto.

Madre: «Sube y limpia tu cuarto».

Phyllis: «Pero no está sucio».

Madre: «¡Sí lo está!»

Phyllis: «Siempre me estás pidiendo que limpie mi cuarto».

Madre: «¡No es cierto!»

Phyllis: «Tú no mantienes tu cuarto tan limpio como esperas que mantenga el mío. Ni siquiera arreglaste tu cama esta mañana».

Madre: «No tienes ni la mitad de las responsabilidades que yo tengo que cumplir».

Phyllis: «Ninguna de mis amigas tiene que limpiar su cuarto todos los días».

Madre: «Puede ser que así sea, pero tú tienes que vivir con nosotros no con ellos».

Phyllis: «¿Por qué es tan importante para ti que limpie mi cuarto todos días?»

Madre: «Porque es una de las reglas de la casa. Soy tu madre y te lo ordeno».

Phyllis: «¡Está bien! Lo haré después de la cena».

Madre: «¡Lo harás ahora mismo!»

Phyllis: «Pero, mamá, Johnny y yo queremos ir al centro comercial. Él ya está por llegar».

Madre: «Escúcheme, señorita, no irá a ninguna parte hasta que su cuarto esté limpio».

Phyllis: «Tú no me quieres! ¡No me entiendes! Todo lo que te importa es tu casa. ¡No veo llegar el día en que pueda irme de aquí!» (Phyllis se va furiosa a su cuarto, llorando y dando pisotones, murmurando y tirando la puerta de la alcoba).

En este punto, la mamá de Phyllis probablemente se siente culpable, fuera de control, confundida, enojada (frustrada), avergonzada o incapaz de ser una madre efectiva. Su hija la ha abrumado con sus tácticas de manipulación. Phyllis se las ha arreglado también para aplazar el cumplimiento de su responsabilidad.

Para no complicarnos, y considerando que en un capítulo anterior cubrí lo referente a la falta de respeto, sólo repasaré las respuestas de la madre ante la manipulación de su hija. Pero identificaré el comportamiento manipulador de Phyllis en su parte del diálogo. Por favor, tenga en cuenta que las respuestas alternativas que sugiero son sólo ejemplos entre decenas, o quizás millares, de respuestas bíblicas igualmente apropiadas. Debe estar especialmente consciente del uso de las técnicas contra la manipulación anteriormente mencionadas.

Para ilustrarlo mejor he tomado un concepto del mundo del boxeo, que es también un concepto bíblico (1 Corintios 9.26; Efesios 6.2; Colosenses 1.29; Hebreos 12.4), dividiendo el conflicto entero en «asaltos» individuales.

Primer asalto

Madre: «Sube y limpia tu cuarto».
Phyllis: «Pero no está sucio».
Aquí Phyllis cuestiona la suposición de su madre de que su cuarto está sucio. En otras palabras, está diciendo: «Está mal que me pidas que limpie mi cuarto porque tu petición no se basa en información correcta».
Madre: «¡Sí lo está!»
En este punto, la mamá de Phyllis comienza a responder al necio de acuerdo con su necedad. Se permite ser atraída a una trampa verbal diseñada para desarmarla de su autoridad como madre. Si Phyllis engaña a su mamá para que pelee en su propia esquina y no en la esquina que es más familiar para su madre, tendrá la ventaja. La

madre no debe permitir que eso ocurra. Si su información fuera inexacta, existe un proceso de apelación (ver el capítulo 12) que Phyllis puede emplear para exponer sus puntos de vista sin recurrir a manipulaciones (por ejemplo: «Mamá, entiendo que quieres que limpie mi cuarto y estoy dispuesta a hacerlo. Pero quisiera que me escucharas, porque tengo algo más que informarte ¿Puedo?»).

Respuesta bíblica apropiada: «Hija, si tienes algo más que decirme, ésa no es la manera de hacerlo. He visto como está tu cuarto, y lo que vi no es aceptable. La Biblia dice que es tu responsabilidad obedecer a tus padres, y espero que me obedezcas. Si después de limpiar tu alcoba quieres que discutamos las reglas de limpieza en esta familia, lo haré con mucho gusto, siempre que lo hagas con respeto».

Segundo asalto:

Phyllis: «Siempre me estás pidiendo que limpie mi cuarto».

Es muy probable que tengamos aquí una apelación manipuladora a la racionalidad o la justicia. Phyllis podría estar tratando de decir: «Mamá, eres una fanática en eso de obligarme a limpiar mi cuarto. Pareces una capataz de esclavos. ¿Por qué no aflojas la mano y dejas de ser tan tiránica? No te comportas razonablemente y no creo que sea justo». Quizás Phyllis está tratando de despertar un sentimiento de culpabilidad o simpatía en su madre para lograr que desista.

Madre: «¡No es cierto!»

Otra vez la madre se permite ser atraída hacia la trampa de Phyllis. Se deja seducir y abandona la esquina que Dios le dio por la de su amada contendiente/adversaria. Otra vez responde al necio de acuerdo con su necedad, y su hija aún se cree sabia en su propia opinión.

Respuesta bíblica apropiada: Suponiendo que la madre haya perdido el primer asalto al responder al necio de acuerdo con su necedad, y no como merece su necedad, todavía puede recuperarse en el segundo asalto. No olvide que, aunque haya perdido los primeros rounds por no detectar a tiempo la manipulación, no ha perdido todavía la pelea. En cualquier momento puede recuperarse y pegar el nocaut final («No seas vencido de lo malo, sino vence el mal con el bien». Romanos 12.21), echando mano al potente armamento que Dios ha provisto, y usándolo con efectividad.

La madre debió responder: «Dios pide que honres siempre a tus padres y les obedezcas, a menos que te quieran hacer pecar. No es un pecado que limpies tu alcoba. Es pecado (y tendrá consecuencias) deshonrar y desobedecer a tu madre como lo estás haciendo ahora».

Tercer asalto:

Phyllis: «Tú no mantienes tu cuarto tan limpio como esperas que mantenga el mío. Ni siquiera arreglaste tu cama esta mañana».

Phyllis está sacando ahora la artillería pesada. Ha pasado de pegar unos cuantos jabs con la izquierda a asestar golpes bajos a la conciencia de su madre. Si logra abrir una herida lo bastante profunda como para producir culpabilidad, ganará este asalto, y puede que hasta la pelea.

Phyllis: «¡Eres una hipócrita! ¿Cómo te atreves a pedirme que haga algo y tú haces lo contrario? ¿Por qué me estás provocando a ira con tu doble escala? ¿Sabes? ¡Yo también leí ese libro sobre el enojo en los niños!

Madre: «No tienes ni la mitad de las responsabilidades que yo tengo que cumplir».

¡Oh, no! Lo hizo de nuevo. Mordió el anzuelo. Cayó en lo mismo otra vez. Se permitió ser desviada del asunto real (el pecado de su hija) enceguecida por la astuta cortina de humo de la culpabilidad. En vez de reprenderle, está respondiendo a la acusación del necio.

Respuesta bíblica apropiada: Suponiendo de nuevo que la madre hubiese perdido los dos primeros asaltos, he aquí un contraataque que le permitirá recuperarse en el tercero:

«Mi amor, veo que no es en tu alcoba donde más se necesita una limpieza, sino en tu corazón. Puedes irte al Cuarto de Reflexión hasta que estés en condiciones de continuar esta conversación según lo que prescribe la Biblia. Si persistes en manipularme, no me dejarás más opción que disciplinarte por esa actitud pecaminosa. El castigo será limpiar tu cuarto y el mío durante una semana. La decisión es tuya, querida».

Cuarto asalto:

Phyllis: «Ninguna de mis amigas tiene que limpiar su cuarto todos los días».

Tras haber marcado algunos puntos con su golpe bajo, Phyllis cambia de mano y ataca con la izquierda, esperando sorprender a su madre con la guardia baja. Al comparar a su madre «irracional» con las madres «razonables» de sus amigas, espera otra vez aturdir a su oponente con un golpe a su conciencia: La implicación aquí es que «sólo una opresora tiránica y capataz de esclavos obligaría a su hija a limpiar su recámara todos los días». «Cualquier estándar de racionalidad reconocería que ningún padre debe exigir que su hija limpie su habitación todos los días».

Madre: «Puede ser que así sea, pero tú tienes que vivir con nosotros no con ellos».

Respuesta bíblica apropiada: Quizás usted esté diciendo: «Me pareció una buena respuesta». Sí, puede que sea mejor que las anteriores, pero no precisa todavía la culpabilidad personal. En otras palabras, quizás la madre de Phyllis haya desviado el golpe, pero ella todavía pudo marcar uno o dos puntos al hacer contacto. Una respuesta mejor sería: «No sólo eres manipuladora, sino también insensata. La Biblia dice «midiéndose a sí mismos por sí mismos, y comparándose consigo mismos, no son juiciosos» (2 Corintios 10.12). Estás desobedeciéndome y aplazando el cumplimiento de tu responsabilidad, así que tendré que disciplinarte».

Adivino su posible reacción: «Nunca se me habría ocurrido ese pasaje. No conozco tan al dedillo la Biblia». Pero Jesús sí la conocía y, porque la conocía, nadie pudo nunca manipularle. La verdad es que mientras más florezca en su interior la Palabra de Dios, mejor preparado estará para lidiar con las manipulaciones. Cuando se sienta desconcertado sin saber qué decir (por ejemplo, después de perder un asalto con su hijo), recuerde con qué argumento fue que le dejó sin palabras. Luego, acuda a la Biblia y busque una respuesta apropiada («El corazón del justo piensa para responder». Proverbios 15.28), de modo que la próxima vez esté preparado para ripostar el golpe con sabiduría bíblica.

Quinto asalto:

Phyllis: «¿Por qué es tan importante para ti que limpie mi cuarto?»
Cuando todo lo demás falla, Phyllis ataca con la izquierda: «por qué». Estas preguntas que comienzan con un «¿Por qué...?» son probablemente el mejor recurso con que cuenta un manipulador para sorprender a su oponente con la guardia baja, obligándole a defenderse y dejándole más vulnerable a un segundo golpe de remate más castigador. Este «¿Por qué...?» era, como recordará, el instrumento favorito de manipulación de los religiosos hipócritas que trataban de sorprender a Jesús en falta. La insinuación aquí es: «Parece que no puedes vivir sin que mi cuarto esté limpio ¿No será que eres una maniática compulsiva de la limpieza, una perfeccionista que necesita ayuda de un siquiatra?» El golpe va dirigido contra el orgullo de la madre. Es un ataque a su carácter.
Madre: «Porque es una de las reglas de la casa».
La madre de Phyllis se defiende del ataque, pero lo hace de modo tal que le otorga credibilidad a la pregunta de su hija. Además, en vez de apelar a las Escrituras, la madre apela a un estándar inferior fácilmente cuestionable («Bueno, entonces debe ser que las reglas de la casa son demasiado estrictas» o «Mamá, tú siempre

me estás obligando a satisfacer tus caprichos»). La madre debió haber respondido sin ceder credibilidad a la pregunta de Phyllis. En su respuesta, debió haber apelado a la autoridad de las Escrituras, que nunca puede ser legítimamente desafiada.

Respuesta bíblica apropiada: «Hija, deberías interesarte por lo que es más importante para el Señor, como es obedecer a tus padres. Si después de tratar de convencernos respetuosamente a tu padre y a mí para que cambiemos de parecer, no lo consigues, deberás suponer que es la voluntad del Señor que limpies tu alcoba en el momento y forma en que te lo pidamos».

Sexto asalto:

Phyllis: «¡Está bien! Lo haré después de la cena».

Intelectualmente, Phyllis se da cuenta de que, por más irracional que le parezca la actitud de su madre, no va a lograr que ella cambie de opinión. A regañadientes, accede a obedecer, pero quiere reservarse el derecho a decidir cuándo obedecerá. Es innegable que por fin su mamá ha conectado algunos golpes. Pero Phyllis no admitirá que la han lastimado. Así que se aleja del alcance de los puños de mamá, levanta los brazos y se encoge de hombros como diciendo: «Eso no me dolió». Luego, trata de inmovilizar los brazos de su madre aplazando el cumplimiento de su responsabilidad (una promesa de obediencia aplazada).

Madre: «¡Lo harás ahora mismo!»

Parece que mamá está recuperando fuerzas, pero recuerde que estamos en el sexto asalto. Más importante es el hecho de que, aunque se esté recuperando, sus golpes todavía carecen de la contundencia que otorga la autoridad de las Escrituras. El pleito se ha convertido en una confrontación entre la voluntad de la madre y la de la hija, cuando debería ser entre la voluntad de Dios y la de la hija.

Respuesta bíblica apropiada: Suponiendo que de nuevo la madre haya permitido que el conflicto avanzara hasta este punto sin detectar la manipulación ni mantener el control, podría responder de la siguiente manera: «La obediencia aplazada es desobediencia. Por favor, ni creas que podrás cenar en esta casa sin antes haber limpiado tu cuarto y haberte arrepentido, como Dios rmanda, de tu desobediencia».

Séptimo asalto:

Phyllis: «Pero, mamá, Johnny y yo queremos ir al centro comercial. Él ya está por llegar».

Ella protesta: «No estás peleando limpio. Te estás parando sobre mi pie y pegándome con el codo. ¡No puedo creer que me vayas a hacer limpiar mi cuarto después que ya he hecho planes para salir! Estás atropellando mi condición de ser humano. Estás imponiéndome tu voluntad, y no me parece justo! ¡Juego sucio! ¡Juego sucio!» Todo esto equivale a un jab castigador con la izquierda, directo a la conciencia.

Madre: «Escúcheme, señorita: no irá a ninguna parte hasta que su cuarto esté limpio».

La madre se está fortaleciendo otra vez, y trata de obligarla a acatar la autoridad materna. Pero su ataque podría ser más demoledor si agregara algo.

Respuesta bíblica apropiada: «No irás a ninguna parte si no me obedeces primero como el Señor espera de ti, limpiando tu cuarto. Luego, analizaremos con la Biblia en la mano la manipulación irrespetuosa que has usado conmigo. Y por último, no irás al centro comercial hasta que me convenzas de que estás realmente arrepentida en tu corazón».

Además de fortalecer su apelación planteando la responsabilidad personal de Phyllis, la madre añade aquí una referencia a la voluntad de Dios. De esta forma le está exigiendo ejercitarse en la piedad, incluido un examen bíblico de sus pensamientos y motivos.

Octavo asalto:

Phyllis se da cuenta que su madre está comenzando a anotarse más y más puntos. Si sigue así, podría ganarle la pelea. Esto requiere medidas drásticas. Ya es hora de buscar el nocaut. En una ráfaga de golpes dirigidos a producir culpabilidad, en su mayoría ilícitos, porque pegan por debajo de la cintura, Phyllis invierte toda su energía restante, intentando ganar con un «fuera de combate» emocional.

Phyllis: «¡Tú no me quieres! ¡No me entiendes! Todo lo que te importa es tu casa. ¡No veo llegar el día en que pueda irme de aquí!»

Después de esto se va como un torbellino a su cuarto, llorando, dando pisotones, murmurando y dando un portazo después de entrar a la habitación.

Phyllis acaba de ganar por nocaut técnico. Ha conseguido hacer que su madre se sienta culpable, enojada, avergonzada, incompetente y confundida, hasta tal punto que tira la toalla. Phyllis acaba de ganar su duodécimo combate de manipulación contra su madre este mes.

¿Pudo identificar en cada una de las respuestas bíblicas apropiadas las dos técnicas bíblicas contra la manipulación? Si no, vuelva a leer las respuestas hasta que pueda hacerlo. Permítame enfatizar de nuevo que las respuestas sugeridas en este dialogo son sólo algunos ejemplos entre una multitud de respuestas bíblicamente correctas posibles, las cuales pueden diferir notablemente dependiendo de las circunstancias, personalidades, y carácter general, tanto de los padres como de los hijos.

Directrices bíblicas para responder a la manipulación de parte de los hijos

¡Es preciso que inserte aquí otra advertencia! Previamente le advertí de los peligros de usar estos procedimientos con fines ilícitos. Ahora debo decirle que si sus métodos para el uso de estos recursos no se complementan con otras directrices bíblicas, no podrá esperar que Dios honre sus esfuerzos. En otras palabras, si desea glorificar a Dios usando estos procedimientos, debe usarlos de acuerdo con otros procedimientos bíblicos que honran a Dios. Debe hacer lo correcto de la manera correcta.

Mucho más importante es el hecho de que, como con todos los recursos de este libro, es necesario ser un verdadero cristiano y tener al Espíritu de Dios morando en su corazón a fin de que Él le capacite y le dé poder para usar estas herramientas. Si no ha admitido sus pecados y depositado su fe en la muerte vicaria de Cristo en la cruz, simplemente no podrá aplicar con constancia la instrucción recibida en este libro. Cristo Jesús se ofreció a morir por los pecadores para que aquel que «crea en Él, no se pierda mas tenga vida eterna». Sólo aquellos que por medio de su fe aceptan lo que Él ha hecho al tomar sobre Sí el castigo que ellos merecían, reciben la vida eterna y al Espíritu Santo, que provee el poder para obedecer la Biblia. Sin el Espíritu de Dios morando en su vida, no hay posibilidad alguna de que pueda obedecer el mandamiento de Dios de no provocar a ira a sus hijos, sino criarlos en la disciplina y amonestación del Señor. Con el Espíritu de Dios morando en su vida, será capaz de aplicar cada vez más y con mayor efectividad todos los recursos que Dios nos ofrece y que se explican en este libro.

He aquí las cinco directrices que le ayudarán a hacer lo correcto (derrotar la manipulación y la falta de respeto de su hijo) de la manera correcta:

Examine sus motivos: Sus motivos para responder a la manipulación de su hijo deben ser piadosos. La meta de la amonestación debe ser el amor (1 Timoteo 1.5). No es lícito desear humillarle o avergonzarle, ni censurarle o criticarle; ni tampoco, alardear de astucia o poderío verbal delante de él. Nunca debe responder a un comportamiento manipulador estando motivado por deseos de represalia o venganza personal.

Examine su vida: De acuerdo con Gálatas 6.1, al tratar de restaurar a su hermano que ha pecado, debe considerarse a sí mismo, «no sea que tú también seas tentado». En otras palabras, debe examinar su propia vida, en busca de cualquier palabra, acción y/o actitud pecaminosa (especialmente manifestaciones de las mismas tendencias a la falta de respeto y la manipulación). Recuerde, «hipócrita» fue la palabra que Jesús usó para describir a aquellos que no se examinan a sí mismos ni retiran la viga del ojo propio antes de criticar a los demás para que saquen la paja del suyo (Mateo 7.3-5).

Mantenga un espíritu de amabilidad: Cuando su hijo peca contra Dios, puede ser que provoque en usted un justo enojo (o indignación). Sin embargo, si le enoja más el hecho de que su hijo haya pecado contra usted que el hecho de que pecara contra Dios, el enojo que está experimentando es probablemente pecaminoso. Restaurar a su hermano (hijo) con un espíritu de amabilidad (o mansedumbre; Gálatas 6.1) significa que no está pecando con su enojo. Como puede observar, no es imposible que el enojo justo y el enojo pecaminoso cohabiten en su corazón. Antes de abrir su boca para provocar a su hijo manipulador, debe estar seguro de que cualquier enojo que pueda sentir usted en su corazón obedezca a su pecado contra Dios y no a su pecado contra usted. Y si está seguro de que puede hablarle partiendo de un enojo justo, debe poner atención para que éste no sea expresado en formas de comunicación pecaminosas. Las formas de comunicación airadas incluyen:

Aspereza

«La blanda respuesta quita la ira; mas la palabra áspera hace subir el furor» (Proverbios 15.1).

Sarcasmo mordaz

«Y desnudándole, le echaron encima un manto de escarlata, y pusieron sobre su cabeza una corona tejida de espinas, y una caña en su mano derecha; e hincando la rodilla delante de él, le escarnecían, diciendo: ¡Salve, Rey de los judíos!» (Mateo 27.28-29)

Levantar la voz

«La blanda respuesta quita la ira; mas la palabra áspera hace subir el furor» (Proverbios 15.1).

Blasfemia

«Ninguna palabra corrompida salga de vuestra boca, sino la que sea buena para la necesaria edificación, a fin de dar gracia a los oyentes» (Efesios 4.29).

Poner apodos

«Entonces Pablo, mirando fijamente al concilio, dijo: Varones hermanos, yo con toda buena conciencia he vivido delante de Dios hasta el día de hoy. El sumo sacerdote Ananías ordenó entonces a los que estaban junto a él, que le golpeasen en la boca. Entonces Pablo le dijo: ¡Dios te golpeará a ti, pared blanqueada! ¿Estás tú sentado para juzgarme conforme a la ley, y quebrantando la ley me mandas a golpear? Los que estaban presentes dijeron: ¿Al sumo sacerdote de Dios injurias? Pablo dijo: No sabía, hermanos, que era el sumo sacerdote; pues escrito está: No maldecirás a un príncipe de su pueblo» (Hechos 23.1-5).

Tirar, patear o golpear cosas

«Pero es necesario que el obispo sea irreprensible, marido de una sola mujer, sobrio, prudente, decoroso, hospedador, apto para enseñar; no dado al vino, no pendenciero, no codicioso de ganancias deshonestas, sino amable, apacible, no avaro» (1 Timoteo 3.2-3).

Acusaciones falsas

«No hablarás contra tu prójimo falso testimonio» (Éxodo 20.16).

Críticas (Condenar o tener un espíritu hipercrítico)

«Hermanos, no murmuréis los unos de los otros. El que murmura del hermano y juzga a su hermano, murmura de la ley y juzga a la ley; pero si tú juzgas a la ley, no eres hacedor de la ley, sino juez. Uno solo es el dador de la ley, que puede salvar y perder; pero tú, ¿quién eres para que juzgues a otro?» (Santiago 4.11-12)

Malhumorarse o hacer pucheros

«Vino a él su mujer Jezabel, y le dijo: ¿Por qué está tan decaído tu espíritu, y no comes? El respondió: Porque hablé con Nabot de Jezreel, y le dije que me diera su viña por dinero, o que si más quería, le daría otra viña por ella; y él respondió: Yo no te daré mi viña» (1 Reyes 21.5-6).

Escoja las palabras correctas: Debemos hablar la verdad en amor. Debemos seleccionar palabras que comuniquen gracia y que satisfagan las necesidades de nuestro hijo, con el propósito de edificarlo. «Ninguna palabra corrompida salga de vuestra boca, sino la que sea buena para la necesaria edificación, a fin de dar gracia a los oyentes» (Efesios 4.29). Como padres, debemos practicar este principio: «Sea vuestra palabra siempre con gracia, sazonada con sal, para que sepáis cómo debéis responder a cada uno» (Colosenses 4.6).

Recuerde que estos mecanismos contra la manipulación son sólo una pequeña parte de sus recursos para educar bíblicamente a sus hijos: Existen muchas herramientas bíblicas que Dios nos ha provisto para formar en nuestros hijos un carácter semejante al de Cristo.

La doctrina, la reconvención, la corrección y el entrenamiento disciplinado en la justicia son los elementos esenciales. «Toda la Escritura es inspirada por Dios, y útil para enseñar, para redargüir, para corregir, para instruir en justicia ...» (2 Timoteo 3.16). Todos los medios y métodos bíblicamente legítimos están comprendidos en estos cuatro. La corrección física, los principios de comunicación, el principio gumnazo, los distintos diarios explicados en este libro, y cualquier otra metodología bíblica válida en cualquier otro libro son válidos en tanto se usen de manera consistente y subordinada a estos cuatro procesos de cambio. La técnica contra la manipulación bosquejada en este libro no es la excepción. Debe usarse como parte del sistema, en el marco general de la educación bíblica de los hijos.

Si permitimos que este concepto (o cualquier otro) se convierta en el modus operandi dominante del método que seguimos para educar a nuestros hijos, distorsionaremos la aplicación de la verdad bíblica y presentaremos a nuestros hijos una perspectiva bíblicamente desequilibrada del cristianismo. Al sacar del pastel ese pedazo, lo estaríamos amplificando varias veces respecto de su tamaño real, con la consecuente aberración de convertirlo en algo tan grande como el resto de la torta y en la pieza predominante. Ello sólo provocará a ira a sus hijos, en vez de criarlos en la disciplina e instrucción del Señor. Así que tenga el cuidado de balancear este poderoso recurso bíblico con todos los demás.

Afinando sus habilidades

Si desea depurar su habilidad para lidiar efectivamente con la manipulación de su hijo, necesita practicar (gumnazo) aplicando lo que acaba de aprender. Deberá poder llegar a reconocer la manipulación en el momento en que su hijo la intente. Ocasionalmente, aquellos a quienes doy consejería se sorprenden de mi capacidad para responder rápida y bíblicamente a algunas de las preguntas que a ellos los han desconcertado durante meses o hasta años. Yo me he sentado en la misma silla, desconcertado por esas mismas preguntas que me han hecho muchos otros de mis clientes. Ha sido sólo después de sentirme desconcertado y buscar en las Escrituras las respuestas correctas, que he llegado a ser, por gracia de Dios, cada vez más versado en responder preguntas difíciles. Padre cristiano, puedo asegurarle que en la medida en que acuda a las Escrituras para estudiar cómo responder a las necias maniobras verbales de su pequeño intrigante, será capaz de responder con cada vez mayor solidez a su retórica manipuladora.

La hoja de manipulación

Desarrollé la Hoja de Manipulación para ayudar a mis clientes a aprender a responder a individuos manipuladores, y para entrenarlos (gumnazo) a responder al necio como su necedad merece (En el Apéndice E hallará un modelo que puede fotocopiar y usar). Una vez que comience a reconocer las estratagemas manipuladoras de su hijo (en otras palabras, después de perder un asalto por no tener a mano una respuesta sabia), saque esta hoja y comience a ponderarlas. Lo siguiente es una explicación de las cuatro secciones y cómo usarlas:

1. Circunstancias que rodean la manipulación
    Cuando asentamos en la hoja las circunstancias que rodean la manipulación, aseguramos que la transgresión sea examinada en su contexto. Esto le dará mayor capacidad para detectar denominadores comunes o patrones sobre lo que desencadena la manipulación y cuándo ocurre.

2. Comentarios manipuladores que me hicieron
    Escribir las palabras textuales (o tan exactas como sea posible) que escogió nuestro «oponente», nos ayuda a dividir por partes sus astutos subterfugios. Al examinar cada comentario manipulador, trate de detectar lo siguiente:

▶ *La forma exacta del comportamiento manipulador (acusaciones, preguntas «por qué», declaraciones de obligación, etc.)*

▶ *La respuesta emocional que más posiblemente se desea provocar (culpabilidad, vergüenza, temor, etc.)*

▶ *El efecto controlador que más posiblemente se desea producir (dilación en el cumplimiento del deber, disminución de los estándares, etc.)*

▶ *Los posibles motivos pecaminosos (amor al placer, poder, alabanza, etc.)*

En este punto, debo intercalar dos notas de advertencia. Primero, quizás usted pueda juzgar las acciones y las palabras, pero no puede juzgar los pensamientos y las motivaciones sin confirmarlos. La razón de examinar áreas internas «posibles» es ayudar posteriormente al niño a indagar en su propio corazón (por ejemplo, «¿puede ser que hayas dicho eso para hacerme sentir culpable?»). Cuando su hijo examina su corazón y confirma verbalmente sus malos pensamientos y motivos, usted puede (si fuera necesario) reprenderlo por sus actitudes pecaminosas.

Segundo, debe estar seguro de que los comentarios que percibió como manipuladores, en verdad lo eran (o sea, antes de hacer un diagnóstico de manipulación más vale que esté seguro de contar con suficientes evidencias). Hacerlo de otra manera, sería responder a un asunto antes de escuchar su exposición, una conducta necia y vergonzosa (Proverbios 18.13).

Algunos individuos son propensos a percepciones inexactas y tienden a percibir palabras inofensivas como si se hubieran expresado con intención maliciosa. Otros, que en realidad son orgullosos («hipersensible» es la palabra más de moda hoy en día, aunque sea menos bíblica), tienden de modo similar a reaccionar exageradamente. Ante el más leve comentario desfavorable, crítica o reprensión, sin importar cuán válido pueda ser, tienden a percibirlo como un ataque contra ellos. Si personalmente usted es propenso a tales percepciones equivocadas, puede considerar pedir ayuda a otro creyente (podría ser su cónyuge) cuyo juicio sea mejor que el suyo en tales casos, para diagnosticar con más precisión el comportamiento manipulador.

3. Mi respuesta a la manipulación

Mi propósito al pedirle que llene está hoja de trabajo es que examine un conflicto como si estuviera viendo el vídeo de una pelea de boxeo que ha perdido. Al estudiarla por primera vez, puede observar el estilo, la técnica y la estrategia de su oponente para aprender a prevalecer contra él en el futuro. Ahora, rebobinará el casete y lo verá una segunda vez, buscando sus propios errores para planear la próxima confrontación. Esta es otra parte del proceso de entrenamiento (gumnazo).

Después de confirmar que usted realmente ha sido manipulado, escribirá textualmente (en forma tan exacta como le sea posible) cómo respondió al manipulador. Al considerar sus respuestas, fíjese en cómo su oponente le hizo perder el equilibrio, enfocando la conversación en otras cosas, menos en su responsabilidad; y tome nota de la carnada que usó para atraerle hacia su trampa. Esfuércese por identificar sus emociones, pensamientos y motivos, y evalúelos bíblicamente (debe recordar cómo lo hicimos en el capítulo previo). Precise su «reacción paternal» exacta (defensa propia, responder a preguntas del tipo «por qué», culpar a otro, etc.) El entendimiento de su vulnerabilidad en estas áreas le preparará para futuros intentos de manipulación.

4. Respondiendo a semejanza de Cristo (bíblicamente) a la manipulación

Esta es la parte más importante de la hoja de trabajo; es en este punto que usted reconstruye su respuesta para hacerla reflejar la sabiduría de Cristo. Aquí es donde determina cómo integrar a su respuesta una o las dos técnicas bíblicas contra la manipulación expuestas en este capítulo. Debe considerar el nivel de madurez de su hijo, su conciencia de sus tácticas de manipulación, el grado de

firmeza que debe usar, las consecuencias (si hay alguna) que le aca-
rreará continuar sin darle una respuesta bíblica, y cualquier otra circunstancia atenuante o inusual que sea pertinente. Esto le va a
tomar tiempo, pero será un tiempo bien invertido porque sus niveles de habilidad y confianza aumentarán en proporción directa a la
inversión.

Estudie la siguiente hoja de trabajo. Después de leer cada respuesta paterna, pero antes de leer la respuesta «a semejanza de Cristo
(bíblica)», practique construyendo su propia respuesta bíblica.

LA HOJA DE MANIPULACIÓN *(Ejemplo)*

Circunstancias que rodean la manipulación

*A las 9:15 el sábado en la mañana algunos amigos vinieron a ver a Tommy
para invitarle a jugar béisbol con ellos. Cuando me pidió permiso, le expliqué
que no podría jugar porque esa mañana teníamos una cita con el dentista.*

1. Comentarios manipuladores que me hicieron

*«¡Mamá, mis dientes están bien! No tenía caries la última vez que fuimos al
dentista, así que ve tú sola, y yo me quedo en casa y voy a jugar béisbol».*

2. Mi respuesta a la manipulación

«No creo que sea una buena idea, mi amor. Mejor vienes conmigo».

3. La respuesta a semejanza de Cristo (bíblica) a la manipula-
ción

*«Mi amor, ésa no es la manera de apelar. No debes darme órdenes a mí. La
Biblia dice que eres tú quien debe obedecer las mías ¿Puedes intentarlo de
nuevo de una manera más respetuosa, por favor?»*[18]

1. Comentarios manipuladores que me hicieron
«¿Pero por qué?»

2. Mi respuesta a la manipulación
«Porque tenemos una cita».

3. La respuesta a semejanza de Cristo (bíblica) a la manipulación
«Hijo, estás siendo manipulador y desobediente y eso está mal. Si después de ir al dentista, no has hallado la respuesta a esa pregunta, te la daré con gusto, siempre y cuando ,hagas tu pregunta correctamente».

1. Comentarios manipuladores que me hicieron
«Pero, nunca tengo oportunidad de jugar béisbol con estos amigos».

2. Mi respuesta a la manipulación
«¡Oh, sí que la tienes! Jugaste con ellos apenas hace dos semanas, ¿recuerdas?»

3. La respuesta a semejanza de Cristo (bíblica) a la manipulación
«¿Estás más interesado en jugar béisbol o en agradar al Señor?»

1. Comentarios manipuladores que me hicieron
«¿Por qué siempre programas las cosas que odio para los fines de semana? Debes hacer estas citas con los médicos entre semana para que pueda divertirme los fines de semana».

2. Mi respuesta a la manipulación
«Pero, mi amor, sabes que no siempre es posible. Además, tengo otras responsabilidades que atender de lunes a viernes, y no siempre puedo llevarte a estos lugares durante la semana».

3. La respuesta a semejanza de Cristo (bíblica) a la manipulación

«Deberías desear agradar al Señor honrando y aobedeciendo a tus padres, más que divertirte los fines de semana o durante la semana. Si no lo haces así, dice la Biblia que serás un «amante del placer» en vez de un «amante de Dios» (ver 2 Timoteo 3.4).

1. Comentarios manipuladores que me hicieron

«Estás siempre demasiado ocupada. Necesitas pasar más tiempo en casa y cuidarme mejor».

2. Mi respuesta a la manipulación

«¡No estoy tan ocupada! ¿Y qué tiene de malo la manera en que te cuido?»

3. La respuesta a semejanza de Cristo (bíblica) a la manipulación

«Mi amor, el verdadero problema es que eres muy voluntarioso. Creo que tendrás que dejar de jugar béisbol o cualquier otra cosa hasta que hayas examinado tus palabras, tus actitudes, pensamientos, acciones y motivos a la luz de la Palabra de Dios, y hasta que me convenzas de que has cambiado todo eso».

1. Comentarios manipuladores que me hicieron

«Nunca me puedo divertir con mis amigos. También tengo necesidades sociales. Deberías darme más tiempo con mis amigos para que pueda desarrollarme socialmente».

2. Mi respuesta a la manipulación

«¿Qué clase de necesidades sociales? ¿Dónde aprendiste eso?»

3. La respuesta a semejanza de Cristo (bíblica) a la manipulación

«Escucha, mi amor, ahora mismo tienes más necesidades espirituales que sociales. Más que pasar tiempo con tus amigos lo que necesitas es pasar tiempo con el Señor, desarrollando tu carácter, y eso te preparará mejor para desarrollarte socialmente. Además, ahora mismo tus padres son tu prójimo más cercano, y el segundo gran mandamiento de Dios es «amar al prójimo como (con la misma intensidad que) a ti mismo» (Mateo 22.39). Cariño, has estado violando ese mandamiento desde que iniciamos esta conversación».

1. Comentarios manipuladores que me hicieron

«¡Olvídalo! No te importa y aunque te importara no vas a cambiar. ¡Vamos al dentista!» (En este punto, Tommy baja la cabeza, encoge los hombros y corre a su cuarto, malhumorado, haciendo pucheros, y mostrando indiferencia hacia mí).

2. Mi respuesta a la manipulación

(¡Nada! ¡No puedo creer que me lo haya hecho de nuevo!)

3. La respuesta a semejanza de Cristo (bíblica) a la manipulación

«¡Hágame el favor de regresar aquí, joven! Falta mucho para terminar esta conversación. Parece que hoy no te importa agradar o desagradar al Señor. Después que te discipline, te podrás ir al Cuarto de Reflexión. Quizás allí, con la ayuda de Dios, podrás reevaluar tus afectos. Cuando estés listo para confesar tu mala actitud y arrepentirte de ella, puedes salir e iremos juntos a la Palabra de Dios para diagnosticar y corregir esa actitud pecaminosa. Y, mi amor, si no hemos terminado cuando regresemos del dentista, seguiremos dedicando a este asunto el tiempo que sea necesario».

¿Cómo le fue? Espero que bien. Recuerde que hay muchas respuestas sabias posibles. Incluso puede optar por sus propias respuestas en vez de las que le he sugerido. Si no identificó al menos una de las dos técnicas contra la manipulación en cada respuesta «a semejanza de Cristo», será que está pasando por alto algo. Si es así, quizás deberá leer otra vez la primera sección de este capítulo para familiarizarte de nuevo con los dos conceptos. Su tarea más importante es practicar con esta hoja (o una similar que usted mismo diseñe) cada vez que abandone un conflicto sintiéndose como un necio. Cuando esto ocurre existe la posibilidad de que le haya respondido al necio «de acuerdo con su necedad», en vez de responderle como «merece su necedad».

Preguntas

1. ¿Podría pensar en algunas circunstancias en las cuales usted (o sus hijos) puedan sacar provecho de un Diario de Conflicto?
2. ¿A cuál de las formas de comunicación airadas que se relacionan en este capítulo (sí es que hay alguna) es más probable que recurra usted?
3. ¿Por qué es incorrecto juzgar los motivos de sus hijos aparte de su revelación por ellos a usted? ¿Hasta qué punto ha juzgado usted sus motivos incorrectamente?
4. Lleve una hoja de manipulación durante las próximas dos semanas. ¿Qué ha aprendido de sí mismo como resultado de este ejercicio? ¿Qué ha aprendido de sus hijos? ¿En qué grado le ha ayudado este ejercicio a reducir en sus hijos la manipulación y la falta de respeto?

11

El cuarto de reflexión

En varios pasajes de este libro he mencionado el Cuarto de Reflexión y he prometido ofrecerle información adicional al respecto. Usted ha esperado pacientemente (sé que otros han escudriñado prematuramente el libro y ya han leído esta sección) y ahora es el momento de cumplir la promesa.

No obstante, debo hacerle antes otra advertencia. Uno de los más grandes temores de un maestro es que alguien tome sus palabras y las distorsione de una manera que deshonre a Dios, debido a un mal uso o una mala aplicación de la verdad presentada. Como consejero, he tenido clientes —más de los que puedo contar— que al explicar un concepto a otra persona (generalmente a un pastor), tuercen y distorsionan la verdad, convirtiéndola en algo obviamente no bíblico. He sabido de por lo menos un maestro que fue llevado a los tribunales para explicar sus puntos de vista bíblicos acerca del castigo físico, porque uno de sus estudiantes, acusado de abuso de menores, lo implicó como la persona que le enseñó a pegarles a los hijos.

Lo que no es

Con esto en mente, comenzaré explicando primero lo que no es el Cuarto de Reflexión. Su propósito no es el castigo. Es decir, no se propone ser una forma de castigo como la corrección física, y no debe emplearse como sustituto de ésta. Tampoco es propósito primario del Cuarto de Reflexión el aislamiento. Éste implica normalmente un retiro de los beneficios de la interacción social como forma de castigo por haber hecho algo malo. La intención primaria del Cuarto de Reflexión es la educación; que el niño pueda «estudiar» cómo responder a sus padres bíblicamente (Proverbios 15.28) y no pecaminosamente. La pérdida temporal de la interacción social es en este caso consecuencia de pasar tiempo reconsiderando un asunto bajo la óptica bíblica. A la mayoría de los niños les resulta contraproducente (si no imposible) evaluar crítica y bíblicamente su pensamiento mientras continúan interactuando con otras personas.

Tampoco debe usarse el Cuarto de Reflexión como una forma de venganza. Como padres no debemos permitirnos represalias personales (venganzas) hacia nuestros hijos. No sólo sería una clara violación del mandato de no vengarnos (Romanos 12.19), sino que, como mencionamos antes, muy posiblemente provocaría a ira a nuestros hijos (Efesios 6.4).

El propósito del Cuarto de Reflexión es la instrucción, no la destrucción. Es un lugar favorable para meditar y reflexionar, no un calabozo en el que encerramos a los niños que no obedecen o no honran a sus padres. Es un lugar que debe aprovecharse para mejorar la relación entre padres e hijos, no para abusar de ella.

Lo que es

¿Qué es entonces el Cuarto de Reflexión? Es algún lugar de su hogar que ha sido designado para que el niño permanezca en él mientras está «estudiando cómo responder» a sus padres de una manera bíblica.

«El corazón del justo piensa para responder»... (Proverbios 15.28). Es una forma de disciplina temporal, aunque sin tiempo establecido, más correctiva por su naturaleza que retributiva. Es temporal y sin tiempo establecido porque después de un período de diez a quince minutos, se le permite al niño rgresar donde la familia para corregir su comportamiento. En el Cuarto de Reflexión permanecerá el tiempo que sea necesario para que consiga dar una respuesta bíblicamente apropiada.

Qué hacer en el Cuarto de Reflexión

Algunos conceptos que el niño debe considerar mientras está en el Cuarto de Reflexión son:

▶ *Un diagnóstico bíblico de sus comportamientos pecaminosos previos (palabras, actos, actitudes y motivos).*

▶ *Alternativas bíblicas de reemplazo de tales comportamientos no bíblicos.*

▶ *Las palabras precisas para pedir perdón por la conducta pecaminosa.*

▶ *Una respuesta bíblica alternativa (en cuanto a las palabras, comunicación no verbal y tono de voz empleados) ante la instrucción, represión, corrección, preguntas o entrenamiento por parte de los padres (ver Apéndice B).*

▶ *Poner por escrito los detalles en los diversos diarios mencionados en este libro (El Diario del Enojo, el Diario del Corazón, etc.).*

▶ *Cualquier otro tema que requiera de su hijo una reconsideración según los preceptos bíblicos.*

Cuándo utilizar el cuarto de reflexión

Como el propósito del Cuarto de Reflexión es el estudio, su atmósfera debe ser favorable al aprendizaje. Debe ser un lugar que no facilite placeres (televisión, música, juegos, etc.) ni distracciones por parte de otras personas. Con la mayoría de los niños, tales condiciones excluirían su propia alcoba. El ambiente del Cuarto de Reflexión debe incluir asimismo buena iluminación, una mesa o escritorio, una Biblia, una concordancia, otros libros (tales como diccionario, diccionario de sinónimos, referencias bíblicas cruzadas, etc), la lista de los seis puntos arriba mencionados, y materiales para escribir, todo lo cual debe estar accesible para el niño. El Cuarto de Reflexión estaría mejor situado en una parte de la casa donde su hijo se sienta, por un lado, lo bastante cómodo para estudiar, y por otro, no tan cómodo como para desear quedarse allí indefinidamente. Un cuarto para huéspedes, o un estudio o gabinete funcionan bien, como también un comedor o posiblemente la cocina (siempre que no sean demasiado atractivas las distracciones de las habitaciones adyacentes). Su ubicación exacta no es tan importante como sus condiciones ambientales.

El cuarto de reflexión y los niños pequeños

Para los niños menores esta técnica funciona bastante bien, si se modifica un poco. Por ejemplo, a una niña de tres años se le puede decir que vaya a su Cuarto de Reflexión y que ore por la manera en que está actuando. Se le puede indicar asimismo que no salga hasta que pueda hacerlo con una actitud constructiva (y, si es necesario, hasta que pueda pedir perdón).

Mi hija Sofía apenas había cumplido dos años cuando nos sorprendió aplicando lo anterior casi por sí misma. Mi esposa, Kim, le había dado algunas instrucciones y ella estaba dando inicio a un berrinche. Kim la cargó rápidamente, la puso en su cama, y le dijo que se quedara acostada hasta que dejara de llorar y su actitud cambiara. (Si no hubiese cambiado pronto su actitud, la habría disciplinado.) Mi esposa salió entonces de la habitación para continuar con sus labores. Un par de minutos después, la pequeña, que siempre ha sido muy locuaz para su edad, se acercó a mi esposa y le dijo: «Mamá, me siento mejor, le oré a Jesús». Fue una grata sorpresa para Kim; a ella no se le había ocurrido pedirle que orara, pero Sofía tomó la iniciativa y lo hizo. Picada por la curiosidad, Kim le preguntó qué le había pedido a Jesús. «Le pedí a Jesús que me ayudara a acostarme y a no ser egoísta», respondió Sofía. A veces los niños son capaces de entender y hacer mucho más de lo que creemos.

El cuarto de reflexión y los niños mayores

Con un niño ya mayorcito, si los padres consideran necesario enviarlo al Cuarto de Reflexión, deben ordenárselo y precisar al mismo tiempo las siguientes instrucciones:

1. El tiempo mínimo que deberá pasar allí (por lo general, de 5 a 15 minutos): «Debes pasar por lo menos 10 minutos en el Cuarto de Reflexión». Esto tiende a evitar que el niño dé una respuesta impertinente o improvisada.

2. La naturaleza o propósito exacto del ejercicio de entrenamiento: «Me has faltado el respeto. Vas a estar en el Cuarto de Reflexión por lo menos 10 minutos para que encuentres una manera más respetuosa de responderme».

3. La tarea específica (proyecto) que debe completar antes de salir del Cuarto de Reflexión. «Antes de que regreses y hablemos debes estar preparado para pedir perdón por tu falta de

respeto y para mostrar por lo menos dos ejemplos de la Biblia sobre cómo decir respetuosamente lo que acabas de decir».

Como dijimos anteriormente, el Cuarto de Reflexión puede utilizarse antes, durante o después de la corrección. Antes de la corrección, puede emplearse como medida preventiva para desactivar una potencial bomba de tiempo conductiva. «Estás desarrollando una actitud sarcástica. Te conviene pasar cinco minutos en el Cuarto de Reflexión y completar un Diario de Enojo antes de que vayas a hacer algo que me obligue a disciplinarte».

Después que su hijo ha pecado, como parte integral del proceso disciplinario (mientras la corrección está en efecto), usted también puede recurrir al Cuarto de Reflexión. «Otra vez me has desobedecido. No puedo pasar por alto esta ofensa. No me has dejado más opción que suspenderte por una semana el privilegio de usar el teléfono. Además, quiero que pases por lo menos quince minutos en el Cuarto de Reflexión. Allí trabajarás en un Diario del Corazón para que descubras qué es eso que deseas con tanto ardor como para estar dispuesto a pecar con tal de conseguirlo. Luego, encontraremos juntos en las Escrituras qué se puede hacer para destronar a ese ídolo de tu corazón».

En algunos casos, para mayor efectividad, se administra primero la corrección. Luego, cuando ya se ha captado la atención del niño, el Cuarto de Reflexión puede ayudarle a prepararse para recibir instrucciones posteriores.

Por ejemplo: «He tolerado cuanto he podido tu falta de respeto, pero este último comentario ya no es bíblicamente tolerable. Te corregiré físicamente por deshonrar de ese modo a tu madre, que es mi esposa». Después de haber administrado la corrección física de una manera bíblica y sin provocar a más ira a su hijo, puede decirle: «Antes de que revisemos los últimos diálogos entre tú y tu madre, quiero que pases por lo menos 10 minutos en el Cuarto de Reflexión confesándole al Señor tus faltas hacia ella, preparándote

para pedirle perdón, y pensando en algunas respuestas bíblicas que debiste darle».[19]
En ocasiones, se requiere más de un viaje al Cuarto de Reflexión. Esto se recomienda si su hijo continúa mostrándose poco cooperativo y renuente a arrepentirse. Sin embargo, como regla, siempre y cuando mantenga un espíritu abierto a aprender, usted debe ayudarle a mejorar sus respuestas sin enviarlo de vuelta al Cuarto de Reflexión.

Recuerde, el Cuarto de Reflexión no completa el proceso de entrenamiento (gumnazo), sino que prepara a su hijo para éste. El proceso culmina después de que el niño regresa del Cuarto de Reflexión, y de que ha realizado dos cosas: primero, ha revisado y diagnosticado su comportamiento pecaminoso; segundo, lo ha pensado de nuevo y lo ha reestructurado como una conducta bíblicamente aceptable, en presencia de usted y con su ayuda como padre, si fuera necesaria. Recuerde que el comportamiento no sólo abarca palabras, actitudes y actos, sino también pensamientos y motivos. Recuerde además que sólo habrá completado el proceso de entrenamiento cuando su hijo haya revisado y reestructurado su conducta pecaminosa y haya aplicado estos principios de manera satisfactoria para usted.

Preguntas

1. Explique lo que no es un cuarto de reflexión.
2. Explique lo que es un cuarto de reflexión.
3. ¿Cuál es el mejor lugar de su casa para establecer un cuarto de reflexión?
4. ¿En qué circunstancias podría ser usado en su hogar un cuarto de reflexión?

12

El proceso de apelación

Otra herramienta que he mencionado previamente en este libro es la apelación.[20] El proceso para hacer una apelación es uno de los varios recursos bíblicos por medio de los cuales un niño (o cualquier persona en posición de subordinación) puede protegerse de las autoridades abusivas o tiránicas. Es un contrapeso al principio de sumisión a la autoridad que enseña la Biblia. Razones de tiempo y espacio no permitirán que desarrollemos aquí otros recursos y contrapesos. Pero hemos incluido la apelación porque es probadamente eficaz al tratar con niños iracundos.

Las Escrituras nos presentan un buen número de apelaciones hechas por individuos diversos, de diferentes maneras, por muchas razones. En la Bbiblia se usan distintas palabras para comunicar el concepto de la apelación. Nehemías apeló al Rey Artajerjes para reconstruir Judá (Nehemías 2.1-8). Daniel apeló a su comandante para que no se le obligara a contaminarse con la comida y el vino del rey Nabucodonosor (Daniel 1.8-21). Pablo apeló a una autoridad superior, al César, cuando Festo le preguntó si deseaba ser juzgado en Jerusalén (Hechos 25.6-12). También Pablo apeló a un subordinado, a Filemón, que era una autoridad para un nuevo converso llamado Onésimo (el esclavo fugitivo), a fin de que le recibiera y transfiriera sus deudas a la cuenta de Pablo (Filemón 1.19).

Abigaíl apeló a David para que no se vengara de su necio esposo Nabal (1 Samuel 25.18-35). Abraham apeló al Señor para que no destruyera a Sodoma si encontraba a diez justos en la ciudad (Génesis 18.22-33). Judá apeló al segundo hombre más poderoso de todo Egipto (su hermano José, que todavía mantenía su identidad oculta) para que permitiera que Benjamín regresara donde su padre Jacob, no fuera que éste muriera de tristeza (Génesis 44.18-34). Jetro apeló a Moisés para que delegara algunas de sus responsabilidades judiciales a otros hombres calificados (Éxodo 18.17-27). David apeló al Rey Saúl para que le permitiera pelear contra Goliat (1 Samuel 17.31-37). David más tarde apeló a Saúl para que dejara de perseguirlo (para asesinarlo) (1 Samuel 26.17-20). Betsabé, con ayuda del profeta Natán, apeló al Rey David para que hiciera rey a Salomón en vez de a Adonías (1 Reyes 1.11-27). Moisés apeló al Señor para que no destruyera a Su pueblo, como tenía intención de hacer (Éxodo 32.9-14). Ezequías apeló a Dios para que extendiera su vida más allá de lo que el Señor originalmente había dicho (2 Reyes 20.3).

La apelación y las reglas de la casa

En el capítulo 2, expliqué un concepto al que llamé «La ley de la casa». Como recordará, los padres deben desarrollar un conjunto de reglas específicas de la casa para sus hogares, que se derive de su más sincero y diligente estudio de las Escrituras. Estas reglas caen en dos grandes categorías. «Reglas orientadas por la Biblia» que los niños creyentes siempre estarán obligados a seguir, porque son instrucciones ordenadas por Dios en las Escrituras (por ejemplo: no mentirás, no robarás, no te vengarás tú mismo, etc.) y «Reglas derivadas de la Biblia», aquellas que desarrollan los padres basados en principios bíblicos para facilitar su propia obediencia al mandamiento. «Y vosotros, padres, no provoquéis a ira a vuestros hijos, sino criadlos en disciplina y amonestación del Señor» (Efesios 6.4).

Estas últimas reglas de la casa son derivadas de las Escrituras por usted como padre, y sus hijos no tienen una obligación bíblica de obedecerlas. Un ejemplo de una regla derivada sería: «Como la Biblia dice que debes cuidar tu cuerpo (1 Corintios 6.19-20), y que es en vano acostarse tarde y levantarse temprano (Salmo 127.2), no puedes permanecer despierto después de las 9 de la noche durante la semana, cuando tienes que levantarte al día siguiente a las 6 de la mañana». No obstante, como esta regla ha sido establecida por los padres, y no por Dios, las Escrituras les ordenan obedecerlas, pero sólo mientras estén legalmente bajo la autoridad de sus padres.

Su hijo puede apelar una regla derivada de la Biblia. («Papá, esta noche a las 9 hay un programa especial en la televisión que mi maestra sugirió que viéramos ¿Podría pasarme de la hora de ir a dormir para verlo?») En cambio, su hijo jamás podrá apelar una regla orientada por la Biblia.[21] («Papá, ¿está bien si robo un libro de la biblioteca?»)

La base de una apelación es presentar información nueva o adicional (preferentemente si está respaldada por un deseo o un razonamiento bíblico) que su hijo cree que usted no ha considerado como padre al tomar una decisión particular. Él presentará la nueva información conjuntamente con la justificación o beneficios bíblicos de ésta (por ejemplo: porque el Señor se gozará con un cambio de opinión / decisión), y sin ninguna otra presión le permitirá evaluar de nuevo su decisión. Este proceso permite que los padres cambien de parecer sin sacrificar su autoridad paterna. También entrena a los niños para comunicar sus deseos de una forma coherente con la Biblia, sin acudir a la falta de respeto, la manipulación y otras manifestaciones del enojo pecaminoso.

Cómo hacer una apelación

Las apelaciones bíblicas, a las que las Escrituras se refieren como palabras de petición, solicitud y súplicas, fueron hechas por numerosos individuos de diferentes maneras, dependiendo de sus personalidades, posiciones y circunstancias particulares. El siguiente proceso de apelación se ha diseñado para que los niños lo usen ante sus padres. De seguro no es la única manera correcta de apelar. Lo sugiero como un modelo a partir del cual los padres pueden desarrollar y perfeccionar un sistema más personalizado para sus hijos.

> *Paso 1. El padre da apropiadamente la instrucción.*[22]
> *Paso 2. La instrucción es reconocida apropiadamente por el hijo.*
> *Paso 3. Una petición de apelación es hecha apropiadamente por el hijo.*
> *Paso 4. El padre reconoce apropiadamente la apelación.*
> *Paso 5. La apelación se efectúa cuando el hijo presenta información adicional al padre.*
> *Paso 6. A la luz de la nueva información, el padre reconsidera su instrucción y concede o niega la petición.*

Paso 1. El padre da apropiadamente la instrucción

Una implicación clave de Efesios 6.4 es que los padres dan órdenes a sus hijos. Estas órdenes representan decisiones que se han tomado (así se espera) dentro del marco de referencia de las Escrituras, pero como se mencionó antes, no son necesariamente mandamientos bíblicos en sí mismas. La mayor parte de las decisiones e instrucciones paternas caerán por tanto en la categoría de «derivadas» de la Biblia. Aunque los padres pueden no tener en mente un segmento particular de las Escrituras cuando dan una instrucción, la orden debe ser consistente con la «instrucción del Señor» como la encontramos en la Biblia, con el propósito supremo de desarrollar en el niño un carácter a semejanza de Cristo.

Paso 2. La instrucción es apropiadamente reconocida por el hijo

Un niño afirma respetuosamente que ha entendido y tiene la intención de obedecer la instrucción; de esta manera se coloca en la mejor posición para hacer una apelación. Este paso, además de demostrar una actitud de honor y obediencia, tiende a desarmar a los padres de una innecesaria actitud defensiva (orgullo), enojo, y temor a ser manipulados, que de otra manera entorpecerían una consideración objetiva de la apelación. «La ira del rey es mensajero de muerte; mas el hombre sabio la evitará» (Proverbios 16.14).

Ejemplo: «Papá, comprendo que quieres que me acueste hoy a las 9, (y así lo pienso hacer)».

Paso 3. *El hijo hace apropiadamente una petición de apelación*

Al pedir permiso para hacer una apelación (algo muy parecido a lo que hizo Ester cuando se presentó ante Asuero, en Ester 5.1-3), su hijo manifiesta una humildad y sumisión a la autoridad adicionales, haciéndole saber que es prerrogativa de usted el conceder o negar la petición. Esto prepara además el corazón del padre para considerar objetivamente la apelación. En este punto es muy importante la selección de las palabras por parte del hijo. Está solicitando humildemente permiso para hacer una apelación, sin cuestionar o desafiar la decisión de sus padres. Entre las peticiones aceptables estarían: «¿Puedo apelar, por favor?», «¿Permitirías que hiciera una apelación?», «¿Se me permitiría apelar?», o «¿Puedo presentar una apelación?»

Ejemplo: «Tengo algo nuevo que decir. ¿Puedo hacer una apelación?»

Paso 4. *El padre reconoce apropiadamente la apelación*

Si cree necesario escuchar la apelación, puede hacerlo. Ciertamente cualquier padre sería un necio si no escuchara una apelación que le ha sido hecha apropiadamente. «La sabiduría que es de lo alto es … amable» (Santiago 3.17). No obstante, puede declinar escuchar la apelación (Proverbios 26.4) si ésta no ha sido hecha correctamente, si el niño ha comenzado a abusar del proceso de apelación, o si el factor tiempo no permite una apelación en ese momento.

Ejemplo: «Hijo, no es así que se te ha enseñado a dirigirte a tu padre. Si escoges una manera más amable de aproximarte a mí, puede que lo considere más adelante». (Petición denegada)

Ejemplo: «Sí, puedes». (Petición concedida)

Paso 5. La apelación se efectúa cuando el hijo presenta información adicional al padre

Esta «información nueva» debe incluir datos que su hijo crea que usted debe considerar; información que él cree usted no tuvo en cuenta al tomar su decisión original. Debe ser información nueva, que usted desconocía cuando consideró por primera vez el asunto.

Le parecio a Ester que el rey Asuero no sabía que ella era judía cuando le dio permiso a Amán para aniquilar a los judíos (Ester 2.20; 7.3, 4). Parecía ser nuevo para Filemón que Onésimo, por medio de la influencia de Pablo, se había convertido en cristiano y había comenzado a ministrarle (Filemón 1.10-11).

Judá percibió aparentemente como información nueva para José que el padre de Benjamín lo amara tanto que temía morir si éste no regresaba (Génesis 44.19-32).

Aparentemente fue información nueva para Saúl que David había matado a una bestia salvaje con sus propias manos (1 Samuel 17.34-36).

La información nueva puede incluir cosas tales como un deseo contrario expresado por otra figura de autoridad (por ejemplo, padre, maestro, etc.), información que el padre no tendría otra manera de saber, y argumentos bíblicos para considerar otro curso de acción que glorificaría mejor a Dios.

Ejemplo: «Mi maestra nos dijo hace dos días que se pasará un programa especial acerca de la Guerra Civil esta noche a las 9. Nos sugirió que, si nos daban permiso para verlo, el programa nos ayudaría a prepararnos para la lección de mañana ¿Puedo quedarme a verlo?»

Paso 6. A la luz de la nueva información el padre reconsidera su instrucción y concede o niega la petición

En este momento puede evaluar la información adicional por su propio mérito (y a la luz de las Escrituras) sin la distracción de preocupaciones típicas como la falta de respeto y la manipulación. Si concede la apelación, lo puede hacer sin sentirse presionado y sin poner en entredicho en modo alguno su autoridad establecida en la Biblia. Si la deniega, podrá explicar su razonamiento a su hijo sin ser distraído por los mismos problemas. Si no puede pensar en una buena razón (bíblica) para denegar la petición, puede considerar posponer el fallo hasta haberlo pensado más detenidamente. *Ejemplo:* «Sí, puedes ver el programa después de ducharte, lavarte los dientes y ponerte la pijama, para que puedas acostarte inmediatamente después del programa especial».

Ejemplo: «No, tu mamá y yo hicimos otros planes para esta noche y no podemos distraernos. Si me lo hubieras dicho hace dos días, cuando apenas te enteraste, habríamos hecho otros arreglos. Lo siento, pero tengo que decirte que no».

Ejemplo: (Aplazamiento) «Tú mamá y yo hemos hecho otros planes para hoy y no podemos distraernos ¿Por qué no te preparas para dormir mientras tu mamá y yo discutimos el asunto. Cuando hayas terminado te diremos qué decidimos».

El siguiente ejemplo ilustra todavía mejor una aplicación correcta del proceso de apelación.

Paso 1. El padre (la madre) da apropiadamente la instrucción.
«Sube y recoge tu alcoba».

Paso 2. La instrucción es reconocida apropiadamente por el hijo.
«¡Sí, mamá! Ya vi que mi alcoba necesita atención ...»

Paso 3. Una petición de apelación es hecha apropiadamente por el hijo.
«Pero, ¿me permitirías hacer una apelación?»

Paso 4. La apelación es reconocida apropiadamente por el padre.
«¡Adelante!»

Paso 5. La apelación se efectúa cuando el hijo presenta información adicional al padre.

«Anoche papá me pidió que lavara hoy su camioneta. Si arreglo mi alcoba primero, cuando termine, ya estará oscuro. Papá no cree que pueda lavar bien el carro ya anochecido, porque no se ve bien ¿Estaría bien si primero lavo la camioneta y luego arreglo mi alcoba?»

Paso 6. A la luz de la nueva información, el padre reconsidera su instrucción y concede o niega la petición.

«¡Tengo una idea mejor! Puedes lavar mi carro y el de papá ahora. Después de la cena te ayudo a arreglar tu cuarto».

Directrices para hacer una apelación

Directriz 1. Sólo puede hacerse una apelación ante aquel de los padres que acaba de dar la instrucción

De otra manera sería una manipulación. También atentaría contra la unidad de los padres (Génesis 2.24) y sería contrario al principio de la autoridad paterna (Gálatas 4.1, 2).

Un padre no debe considerar las apelaciones de un hijo que ha recibido una instrucción del otro, a menos que al que dio la instrucción le sea imposible responder directamente. Un hijo que intenta hacer esto debe ser remitido inmediatamente al que dio la instrucción, para que sea esta persona quien considere la apelación (y posiblemente una consecuencia disciplinaria por violar esta directriz).

Directriz 2. Una apelación sólo será considerada por el padre apropiado si la comunicación verbal y no verbal del hijo refleja tanto sumisión como respeto por la autoridad

Toda apelación debe hacerse usando palabras, tono de voz y comunicación no verbal (ver en el capítulo 3 el pastel de la comunicación) que muestren respeto y sumisión a los padres (Efesios 6.1, 2). Por lo tanto, no deben aceptarse apelaciones hechas con enojo, pucheros, mal humor, lloriqueos, sarcasmos, etc. En lugar de eso, se le debe advertir al niño que está violando los principios bíblicos de la comunicación y por consiguiente debe ser disciplinado. En algunos casos, una visita al Cuarto de Reflexión sería aconsejable. En cualquier caso, la apelación no debe ser considerada hasta que el niño haya corregido las actitudes inapropiadas. Siempre que apelen a usted de manera irrespetuosa o insumisa, puede responder así: «Consideraré tu apelación si puedes hacerla de manera más respetuosa. Hasta entonces, tendré que denegar tu petición. Cualquier falta de respeto adicional traerá consecuencias disciplinarias. ¿Entendido?»

Directriz 3. *Una apelación sólo puede hacerse una vez*
Al apelar múltiples veces (ej. «Pero, mamá, ¡por favooor!»; «¿Y por qué?»; «Bueno, entonces ¿puedo ...?») su hijo está demostrando una falta de disposición para acatar un «no» como su respuesta y, a fin de cuentas, como la del mismo Señor soberano (Romanos 13.1, 2; Colosenses 3.20; Efesios 6.1). Si su hijo no puede persuadirle para que usted reconsidere su posición después de la primera apelación, debe ser suficiente para que concluya que es la «voluntad de Dios» (1 Pedro 2.13-15) que él acate su instrucción. El hecho de saber que sólo tendrá «una oportunidad» para acercarse a usted, debe motivarle a hacer su «mejor esfuerzo». Ello puede implicar alguna investigación apropiada previa, esforzarse para desarrollar (y practicar si es necesario) las palabras, el tono de la voz y la comunicación no verbal apropiada, y esperar el mejor momento (como lo hizo Ester) para formular su petición. Las apelaciones hechas de prisa a menudo resultan en un «no», mientras que las mejores pensadas tienden a ser más exitosas.

Directriz 4. *La apelación debe ser vista como un privilegio que hay que ganarse, y no como un derecho inalienable*
El privilegio de una apelación debe concederse sólo a los niños que han demostrado con su fidelidad ser dignos de confianza. Aquellos cuyas decisiones se caracterizan por su sabiduría se ganan el respeto necesario para que confiemos en ellos cuando hacen una

apelación. Los niños que suelen tomar decisiones necias, probablemente no son lo bastante dignos de confianza para hacer de manera apropiada (y mucho menos con motivos apropiados) una apelación. La Biblia nos advierte no depositar nuestra confianza en hombres infieles (Proverbios 12.19). Tal vez se les debería suspender de manera temporal el privilegio de apelar a los hijos que abusan de éste, haciendo tantas apelaciones que el recurso se vuelve la regla, y la obediencia, la excepción; o a los que violan constantemente cualquiera de las cuatro directrices mencionadas.

Todo cristiano se encuentra en condiciones de subordinación en varios momentos de su vida. Muchas de estas relaciones han sido ordenadas por Dios, y las Escrituras requieren la sumisión del subordinado a su superior. Las esposas cristianas deben ser sumisas a sus propios maridos (comp. 1 Pedro 3.1). A los miembros de la iglesia se les dice: «Obedeced a vuestros pastores» (Hebreos 13.17). A los ciudadanos cristianos se les ordena sujetarse «a las autoridades superiores» (Romanos 13.1); los esclavos creyentes (y por extensión, los empleados creyentes) deben obedecer a sus «amos terrenales» (y por analogía, a sus patrones) (Efesios 6.5); y como regla general, los cristianos deben someterse «unos a otros en el temor de Dios» (Efesios 5.21).

Puesto que la capacidad para hacer una apelación efectiva es crucial en cualquier relación entre personas donde rige el principio de autoridad, al entrenar a los niños para apelar a sus padres se les ayuda a prepararse para una larga vida de éxito en el marco de dichas relaciones. Este entrenamiento del carácter también les enseña a obedecer: «Sea vuestra palabra siempre con gracia, sazonada con sal, para que sepáis cómo debéis responder a cada uno» (Colosenses 4.6).

Finalmente, hay algo aun más importante que enseñar a los niños a hacer una apelación respetuosa. Y es enseñarles a aceptar afablemente una apelación que ha sido denegada. Considere el hecho de que muchas de las oraciones de la Biblia son apelaciones a Dios para que cambie nuestras circunstancias. No obstante, la actitud del que ora es a menudo: «No se haga mi voluntad, sino la tuya». Creo que uno de los elementos más vitales al enseñar a los niños a apelar, es enseñarles a asimilar una respuesta negativa de sus padres de manera muy semejante a como se asimila una negativa dada por Dios a algún ruego particular. Es menester que aprendan a razonar que «si después de una apelación respetuosa y bien pensada, no puedo persuadir a mis padres para que cambien de opinión, debo concluir que aparentemente no es voluntad de Dios que yo obtenga en este momento lo que quiero. Él está obrando soberanamente por medio de mis padres para conformarme a semejanza de Su hijo. Le daré gracias por esta apelación denegada, y cooperaré con su obra santificadora en mi vida».

Preguntas

1. ¿Cuáles de las reglas de su casa son apelables?
2. ¿Cuáles no lo son?
3. ¿En qué circunstancias podrían perder temporalmente sus hijos el privilegio de hacer una apelación?
4. ¿Cómo le gustaría exactamente que respondieran sus hijos cuando se les deniega una apelación? (Escriba lo que le gustaría que se dijeran a sí mismos. Escriba lo que le gustaría que le dijeran a usted.)
5. Establezca un horario en el cual pueda enseñar a sus hijos el proceso de apelación. Asegúrese de incluir tiempo suficiente para responder a sus preguntas.

13
Una buena inversión

Quizá usted diga: «Ya veo cuán eficaces pueden ser las herramientas que este libro propone para entrenar a mi hijo, ¡pero demandan tanto tiempo! No creo disponer del tiempo suficiente para entrenar a mi hijo de manera que pueda vencer su problema de enojo».

Permítame responder afirmando enfáticamente que los recursos descritos en este libro demandan mucho tiempo, especialmente al principio. No obstante, a largo plazo, el tiempo invertido inicialmente reportará un gran ahorro de tiempo (sin mencionar otros beneficios que tienen un valor inmensurable para ahora mismo y para la eternidad), que de otro modo se ocuparía en lidiar con las consecuencias de una vida que no fue entrenada en la justicia. También recuerde que Dios ha dado a todos idéntica cantidad de tiempo: 168 horas a la semana. Si usted no es capaz de cumplir todas sus responsabilidades bíblicas dentro de este margen de tiempo (y la educación de los hijos por un padre cristiano no es la menos importante de ellas), una de dos cosas está ocurriendo: usted está desperdiciando su tiempo, o ha asumido algunas responsabilidades que Dios no quiere que asuma. Quizás usted (y su cónyuge) deben evaluar hasta qué punto podrían estar malbaratando sus horas. Y luego, evaluar también las responsabilidades que han asumido, a la luz del tiempo que demanda el cumplir con la responsabilidad bíblica de criar a sus hijos en la disciplina y amonestación del Señor.

«¡No funcionó!»

Los consejeros cristianos escuchamos frecuentemente estas palabras de parte de clientes desanimados: «Lo intenté siguiendo lo dispuesto por Dios y no funcionó». No obstante, como consejero bíblico sé que si un cristiano declara algo de esta, una de dos cosas anda mal: o el aconsejado no lo ha intentado siguiendo realmente la manera de Dios, o no lo hizo a la manera de Dios por tiempo suficiente. El cristiano pudo no haber hecho realmente lo que dice la Biblia. Generalmente, no hacemos todo lo que la Biblia dice que hagamos.

Mi respuesta a ellos suele ser ésta: «¿Dice que lo intentó a la manera de Dios y no funcionó? ¿Podría, por favor, decirme exactamente qué hizo mientras lo hacía a la manera de Dios?»

«Seguí los pasos A, B, C, D, y E».

«Continúe».

«Ya le dije: hice A, B, C, D y E».

«Bueno, creí que había dicho que lo hizo a la manera de Dios».

«Sí lo hice a la manera de Dios. Seguí los pasos A, B, C, D y E».

«Pero, ¿qué me dice de F, G, H, I y J?»

«¡Oh! ¿Quiere decir que F, G, H, I y J también son parte de la manera de Dios?»

«¡Sí! Permítame mostrarle lo que dicen las Escrituras» …

«Bueno, sinceramente creo que aunque pensé que lo había hecho a la manera de Dios, realmente no hice todo lo que la Biblia dice que debo hacer para resolver el problema».

Hacer lo correcto por suficiente tiempo

«¿Me dice que ha tratado de hacerlo a la manera de Dios y no funcionó? ¿Podría decirme exactamente qué hizo?»

«Por supuesto: Hice A, B, C, D, E, F, G, H, I y J».

«¿Hizo A, B, C, D, E, F, G, H, I y J y no funcionó?»

«Así es».

«Bueno, hasta donde sé, ésa es la manera de Dios y debería haber funcionado ¿Por cuánto tiempo lo intentó?»

«¡Oh! Como una semana y media».

«Porque os es necesaria la paciencia, para que habiendo hecho la voluntad de Dios, obtengáis la promesa» (Hebreos 10.36). Recuerde que obtendrá la promesa no mientras, sino después que haya hecho la voluntad de Dios día tras día durante un tiempo significativo.

¡No se dé por vencido!

Jim y Linda no claudicaron. Padres cristianos, no desmayen tampoco ustedes en hacer el bien, porque a su debido tiempo, si no desmayan, cosecharán (Gálatas 6.9). Entrenar a los hijos para que puedan vencer su enojo pecaminoso es una de esas cosas que requieren mucha paciencia.

La palabra paciencia se menciona cuatro veces en los primeros siete versículos del capítulo 12 de Hebreos. Éste es el capítulo de la Biblia dedicado a explicar cómo debe reaccionar el cristiano cuando el Señor lo disciplina. Tiene mucho que decirnos sobre la disciplina de los hijos, pero también habla ampliamente de la actitud del niño hacia el padre durante el proceso disciplinario. Esa actitud se caracteriza por una paciencia enraizada en la esperanza de crecer más y más en santidad y justicia. Si puede esperar que su hijo iracundo soporte su disciplina, con la esperanza de que ella produzca en él el carácter de Cristo, ¿cuánto más no esperará su Padre Celestial que usted resista con paciencia, abrigando al entrenarle una esperanza semejante de desarrollar la mansedumbre y humildad de Cristo? Mientras invierte el tiempo, la reflexión y el esfuerzo necesarios para ejercitar las herramientas y recursos bíblicos presentados en este libro, recuerde que «ninguna disciplina al presente parece ser causa de gozo (ni para el hijo ni para el padre), sino de tristeza; pero después da fruto apacible de justicia a los que en ella han sido ejercitados» (Hebreos 12.11).

¡Que Dios le bendiga abundantemente cuando aplique Su Palabra a la educación de sus hijos!

Preguntas

1. ¿Cuáles problemas podría enfrentar si comprobara que no es capaz de cumplir sus responsabilidades bíblicas como padre?
2. ¿En qué grado está usted desperdiciando su tiempo?
3. ¿Hasta qué punto ha asumido usted responsabilidades que el Señor no quiere que usted asuma?
4. ¿Cuáles son las dos razones más probables de que sus hijos no estén respondiendo a sus intentos por criarlos como establece la Biblia?
5. ¿Hay alguna forma específica en que le haya ayudado este libro a crecer como cristiano y/o padre? De ser así, ¿cuáles?

Apéndices

Apéndice A

¿Qué significa Perdonar?

Se le ordena perdonar:
«...*como Dios también os perdono perdonó a vosotros en Cristo»*
(Efesios 4.32).

¿Qué significa eso? Dios dice:
«*Yo, soy el que borro tus rebeliones por amor de mí mismo, y no me acordaré de tus pecados*» y «*perdonaré la maldad de ellos, y no me acordaré más de su pecado*» *(Isaías 43.25; Jeremías 31.34).*

Entonces, ¿Dios tiene amnesia? ¡Por supuesto que no! Dios es omnisciente (todo lo sabe) y conocía de sus pecados aun antes de que los cometiera. Cuando la Biblia habla de que Dios olvida nuestros pecados, se refiere al hecho de que cuando una persona ha sido perdonada verdaderamente por Dios, no los toma en contra del pecador perdonado. No los acredita a nuestra cuenta. En vez de eso, Dios los carga a la cuenta del Señor Jesucristo, quien murió en la cruz para pagar el precio del castigo de los pecadores culpables como usted y como yo. La muerte de Cristo fue una substitución. Él murió para llevar el castigo por nuestro pecado para que su justicia pueda acreditarse a nosotros como individuos salvos. Cuando creemos verdaderamente el Evangelio, Dios promete que no tomará nuestros pecados en nuestra contra. En vez de eso, imputa la justicia perfecta de Su Hijo a nuestra cuenta. ¿Qué es el evangelio (o las buenas noticias)? El evangelio simplemente es esto: si nos arrepentimos y ponemos nuestra fe en lo que Cristo ha hecho al ofrecerse como nuestro substituto en la cruz y al resucitar de entre los muertos, Dios promete perdonar todos nuestros pecados y darnos vida eterna.

Por lo tanto, el perdón es, ante todo y en primer lugar, una *promesa*. Así como Dios prometió no tomar los pecados de los pecadores arrepentidos en su contra, así también nosotros debemos prometer que no tomaremos en su contra los pecados de aquellos a quienes hemos perdonado. Puede demostrar esta promesa por medio de no hacer, por lo menos, tres cosas a las personas a quienes ha perdonado. Primero, no puede traer a colación la ofensa perdonada a la persona perdonada para usarla en su contra. Segundo, no puede discutir la ofensa con otros. Finalmente, no puede pensar habitualmente en la ofensa perdonada, sino debe recordarse a sí mismo que ha perdonado a su ofensor, *«así como también Dios le perdonó en Cristo»*.

Apéndice B

Directrices para entrenar a los niños menores con los diversos recursos contenidos en este libro[1]

«Cuando yo era niño, hablaba como niño, pensaba como niño, juzgaba como niño» (1 Corintios 13.11).

El uso de los materiales escritos en este libro con niños que no leen y escriben es posible cuando los padres son capaces de reducir (ajustar a la edad) los diversos diarios de una «copia escrita» a una discusión oral. Las siguientes sugerencias se proveen para ayudar a tales padres a adaptar el material a las necesidades de sus niños menores.

1. Use vocabulario que su hijo pueda entender. En lugar de usar el término «deseo idólatra» con mi hija de tres años, usé el término «Querer». (Sofía, la razón por la que estás enojada es porque tienes un problema de «querer». Quieres jugar con ese juguete más de lo que quieres obedecer a Dios.)

2. Use ilustraciones concretas en vez de abstractas al comunicarte con su hijo. Muchas de las verdades que su hijo debe aprender para vencer su problema con el enojo son abstractas (perdón, amabilidad, buenos deseos y motivos, vencer el mal con el bien, etc.). Al usar ejemplos, ilustraciones y aplicaciones concretas y tangibles de los conceptos bíblicos, se les hará más fácil el entendimiento tanto de la naturaleza de sus propios comportamientos pecaminosos como de las alternativas bíblicas correspondientes.

3. Mantenga relativamente corto el tiempo de entrenamiento dependiendo del lapso de atención de su hijo. Si se necesita más tiempo, programe sesiones adicionales de entrenamiento para más tarde o para el día siguiente.

4. Al intentar hacer hablar a su hijo (Proverbios 20.5) de lo que está pensando cuando se enoja, puede introducir el proceso diciendo

algo como, «Todos nos enojamos a veces, ¿No es así?» Puedes indagar acerca de las *provocaciones circunstanciales* diciendo: «Por favor dime qué pasó cuando te enojaste con tu hermano (o cualquier pieza de información circunstancial que tenga)». El niño debe entonces proveerle más de las circunstancias que lo llevaron a estar enojado (la primera pregunta del *Diario del Conflicto,* el *Diario del Enojo* y el *Diario del Corazón*).

5. Cuando esté explicando las dos manifestaciones pecaminosas del enojo pecaminoso: Ventilación (Explotar) e Interiorización (Encerrar), puede encontrar útil el uso de una demostración visual. Para el enojo exteriorizado, pruebe este ejemplo con una lata de refresco. Diga a su hijo: «Imaginemos que esta lata de refresco se llama Stan. Stan, la lata, está molesto porque su madre le gritó por levantarse demasiado tarde. Se enojó (agita la lata) cuando su madre le dijo que no podría comer su desayuno favorito. Se enojó tanto que explotó (abre la lata y deja que salga la espuma del refresco). Así justamente fue cuando te enojaste con tu hermano (repite el ejemplo del niño) y le llamaste con palabras feas. ¿Recuerdas lo que hiciste y dijiste cuando estabas enojado? (Ayude al niño a recordar su comportamiento si no puede hacerlo solo). ¿Sabes cómo le llama la Biblia a lo que hiciste cuando te enojaste? (Explique la manifestación pecaminosa usando la terminología bíblica.) Vamos a ver si podemos pensar en algunas maneras correctas en las que pudiste haber respondido a mamá para que la próxima vez estés preparado para hacer lo correcto». (Con la ayuda de su hijo, desarrolle por lo menos dos respuestas bíblicas alternativas a estas circunstancias.)

Para ilustrar el enojo interiorizado puede probar con lo siguiente. Usando masilla forme una figura semejante a una persona. Luego, con la ayuda de su hijo, forme pequeños nudos de un color diferente, y ponga en el cuello y en el estómago de la figura. Tome los brazos y piernas de la figura y átelos con nudos. Finalmente, rocíe un poco de agua sobre el rostro y las manos de la figura para simular sudor. Al terminar este paso, explique a su niño: «Ésta es Sally. Sally está muy enojada porque su mamá no le permitió salir a jugar. Si se queja, sabe que la corregirán físicamente, así que se sienta en su cuarto poniéndose cada vez más enojada. Su garganta y su estómago sienten como si estuvieran hechos nudos. Sus músculos están todos anudados y ella está goteando de sudor. Sally está tan enojada que es difícil para ella hasta caminar, hablar o pensar bien. Justamente así fue cuando te enojaste (repita el ejemplo del niño) porque querías quedarte despierta después de tu hora de dormir y mamá te dijo que no podías. ¿Recuerdas lo que dijiste / hiciste cuando te enojaste? (Ayude al niño a recordar si no puede hacerlo solo.) ¿Sabes cómo le llama la Biblia a lo que hiciste cuando te enojaste? (Explique la manifestación pecaminosa usando la terminología bíblica.) ¿Puedes pensar en una o dos maneras correctas en las que pudiste haber respondido a mamá para que la próxima vez estés preparado para hacer lo correcto?» (Con la ayuda de su hijo, desarrolle por lo menos dos respuestas bíblicas alternativas a estas circunstancias.)

6. Si el tiempo lo permite, también puede considerar hacer un juego de representar papeles de algunas «reacciones inesperadas» a las alternativas bíblicas que ha sugerido. Recuerde lo que Pablo dice en Romanos 12.17: «No paguéis a nadie mal por mal; procurad lo bueno delante de todos los hombres». Por ejemplo, puede decir: «Muy bien, ya entiendes lo que debes hacer la próxima vez que Jane trate de evitar que participes en el juego. ¿Pero qué tal si te pega después de que lo hagas? ¿Cómo podrías entonces planear para vencer el mal con el bien?»

7. Después de lograr que hable de las manifestaciones externas del enojo (la información contenida en el *Diario del Enojo*: #5), ahora puede proceder a recolectar información concerniente a las manifestaciones internas del enojo (el material contenido en el *Diario del Corazón*).

«¿Cómo te hizo sentir en tu interior cuando te enojaste? ¿Qué pensaste para ti mismo cuando te enojaste? ¿Sabes qué dice Dios acerca de lo que dijiste a ti mismo cuando te enojaste con tu mamá y tu hermano? (Diagnostique los pensamientos del niño usando terminología bíblica.) Ahora, ya casi estamos terminando. Probablemente te enojaste porque pensaste que no ibas a conseguir lo que querías. Había algo que probablemente querías mucho que pensaste que no ibas a conseguir. ¿Puedes recordar qué era lo que querías cuando te enojaste? (Esto debe llevarle a los motivos del niño —codicia, o deseo pecaminoso o desordenado.) ¿Puedes decirme qué está mal con lo que deseabas? (Explíquelo otra vez usando terminología bíblica.) ¿Sabes qué debías haber deseado más que (o en lugar de) eso?» Provéale al niño por lo menos dos alternativas bíblicas y relaciónalas con rasgos específicos del carácter semejante a Cristo: ej. amor, tolerancia, amabilidad, perdón, etc.).

8. Los niños menores a veces tienen dificultad para distinguir entre sentimientos diferentes, expresar sus propios sentimientos o reconocer diferentes sentimientos en los demás. Los puede ayudar en cada una de estas áreas al usar declaraciones con espacios para completar. «Cuando estabas pegándole a tu hermana, si te sentiste enojado, di: "Me sentí enojado"» o «Si cuando te diste cuenta de que no te estaba escuchando, te enojaste pecaminosamente y quebraste mi vaso porque te sentiste rechazado, di: "Me sentí rechazado cuando pensé que no me estabas escuchando"». Recuerde, la meta en este caso, no es tanto corregir al niño por su expresión pecaminosa de enojo, sino facilitarle la identificación y expresión de lo que estaba ocurriendo en el interior de su corazón.

9. Cuando sea posible, cite ejemplos donde los personajes de la Biblia hablan para sí mismos (para bien o para mal) durante situaciones difíciles. La Biblia provee numerosos ejemplos de las cosas específicas (textuales) que la gente dijo en sus corazones. Estos monólogos internos pueden dar tremenda luz para entender los rasgos de carácter de cada personaje bíblico cuyos pensamientos son expuestos. Aquí hay un «brochazo» de la clase de cosas que los hombres y mujeres de la Biblia dijeron para sus adentros en momentos cruciales de sus vidas.

Monólogos Internos en la Escritura

Personaje Bíblico	Circunstancias (Referencia Bíblica)	Monólogo Interno (Qué fue dicho en el corazón)
Abraham	Cuando le dijeron que Sara concebiría (Gn 17.17)	«¿A hombre de cien años ha de nacer hijo? ¿Y Sara, ya de noventa años, ha de concebir?»
Abraham	Cuando le mintió a Abimelec respecto a Sara (Gn 20.11)	«Ciertamente no hay temor de Dios en este lugar, y me matarán por causa de mi mujer».
Esaú	Cuando tuvo resentimiento en contra de Jacob (Gn 27.41)	«Llegarán los días del luto de mi padre, y yo mataré a mi hermano Jacob».
Saúl	Cuando indujo a David para caer en una trampa con Merab (1S 18.17)	«No será mi mano contra él, sino que será contra él la mano de los filisteos».
Amán	Cuando presumió de conocer lo que pensaba el Rey (Ester 6.6)	«¿A quién deseará el rey honrar más que a mí? quién deseará el rey honrar más que a mí?»
El Impío	Cuando atacó al desamparado. Cuando renegó de Dios (Sal 10.6)	«No hay Dios» o (posiblemente) «¡No Dios!»
El Necio	Cuando él ha dicho "en su corazón ..." (Sal 14.1)	«No seré movido jamás; nunca me alcanzará el infortunio. Dios ha olvidado».
Satanás Lucifer	Cuando dijo en su corazón (Is 14.12-13)	«Subiré al cielo; en lo alto, junto a las estrellas de Dios, levantaré mi trono, y en el monte del testimonio me sentaré, a los lados del norte; sobre las alturas de las nubes subiré, y seré semejante al Altísimo».

10. Considere hacer una representación de una escena bíblica para ayudar a su hijo a ver que otros cristianos han enfrentado tentaciones similares a través de los siglos y se les ha provisto de una salida para escapar.

«No os ha sobrevenido ninguna tentación que no sea humana; pero fiel es Dios, que no os dejará ser tentados más de lo que podéis resistir, sino que dará también juntamente con la tentación la salida, para que podáis soportar» (1 Corintios 10.13).

Pregúntele: «¿Qué pudo haber dicho para sus adentros Daniel antes y después de haber sido tirado al foso de los leones?» o «¿Qué pudo haber pasado por la mente de Pablo cuando fue puesto en prisión?»

Apéndice C

«Amores» Idólatras en la Biblia

Aquí tenemos una lista parcial de «amores» que la Biblia dice que están mal. Después de que se familiarice con éstos, puede querer hacer su propio estudio bíblico de palabras tales como deleite, deseo, codicia, querer y voluntad. Al hacerlo tendrá una apreciación mayor de la frecuencia con la que la Biblia trata de las intenciones (motivos) del corazón (Hebreos 4.12).

«Amor» Idólatra	Referencia Bíblica

Amor al dinero   *1 Timoteo 6.10*
Porque raíz de todos los males es el amor al dinero, el cual codiciando algunos, se extraviaron de la fe, y fueron traspasados de muchos dolores.

Amor a uno mismo   *2 Timoteo 3.1-2*
También debes saber esto: que en los postreros días vendrán tiempos peligrosos. Porque habrá hombres amadores de sí mismos ...

Amor a la aprobación   *Juan 12.43*
Porque amaban más la gloria de los hombres que la gloria de Dios.

Amor al control (poder)   *3 Juan 9-10*
Yo he escrito a la iglesia; pero Diótrefes, al cual le gusta tener el primer lugar entre ellos, no nos recibe. Por esta causa, si yo fuere, recordaré las obras que hace parloteando con palabras malignas contra nosotros; y no contento con estas cosas, no recibe a los hermanos, y a los que quieren recibirlos se lo prohíbe, y los expulsa de la iglesia.

Amor al placer   *2 Timoteo 3.4*
Traidores, impetuosos, infatuados, amadores de los deleites más que de Dios.

Amor a la comida   *Proverbios 21.17*
Hombre necesitado será el que ama el deleite, y el que ama el vino
y los ungüentos no se enriquecerá.

Amor al sueño   *Proverbios 20.13*
No ames el sueño, para que no te empobrezcas; abre tus ojos, y te
saciarás de pan.

Amor a la oscuridad   *Juan 3.19*
Y esta es la condenación: que la luz vino al mundo, y los hombres amaron más las tinieblas que la luz, porque sus obras eran
malas.

Amor a la simplicidad   *Proverbios 1.22*
¿Hasta cuándo, oh simples, amaréis la simpleza, y los burladores
desearán el burlar, y los insensatos aborrecerán la ciencia?

Amor a la maldición   *Salmo 109.17*
Amó la maldición, y ésta le sobrevino; y no quiso la bendición, y
ella se alejó de él.

Amor al mal y la falsedad   *Salmo 52.3*
Amaste el mal más que el bien, la mentira más que la verdad.

Amor a la plata y la abundancia   *Eclesiastés 5.10*
El que ama el dinero, no se saciará de dinero; y el que ama el
mucho tener, no sacará fruto.

Amor a la vida de uno mismo   *Juan 12.25*
El que ama su vida, la perderá; y el que aborrece su vida en este
mundo, para vida eterna la guardará.

Amor a este mundo presente   *2 Timoteo 4.10*
Porque Demas me ha desamparado, amando este mundo...

Amor a las cosas del mundo   *1 Juan 2.15*
No améis al mundo, ni las cosas que están en el mundo. Si alguno ama al mundo, el amor del Padre no está en él.

Apéndice E

Ejemplos de Diarios y Hojas de Trabajo

Las hojas de trabajo en las siguientes páginas han sido provistas para que las fotocopie para su uso personal con sus hijos. Trate de usar una máquina fotocopiadora que pueda ampliar estos documentos originales a 216 x 279 mm (amplíelos entre un 125% por ciento y 130% por ciento de su tamaño original) para que pueda guardar los diarios llenados en una carpeta de argollas para usarlos como referencias en el futuro. Si tiene tal carpeta disponible en el Cuarto para Reflexión para que sus hijos revisen, les puede ayudar a aplicar los principios bíblicos que han aprendido en el pasado al asunto presente que estén tratando de resolver.

Diario de enojo

1. ¿Qué circunstancias condujeron a mi enojo? (¿Qué ocurrió que me provocó al enojo?)

_____

_____

_____

_____

_____

2. ¿Qué hice y/o dije cuando me enojé? (¿Cómo respondí a las circunstancias?)

_____

_____

_____

_____

_____

3. ¿Cuál es la evaluación bíblica de lo que hice y/o dije cuando me enojé? (¿Cómo clasifica la Biblia lo que hice y/o dije cuando me enojé?)

_____

_____

_____

_____

_____

4. ¿Qué debí haber hecho/dicho cuando me enojé? (¿Cómo pude haber respondido bíblicamente cuando me enojé?)

_____

_____

_____

_____

Diario del corazón

1. ¿Qué pasó que me provocó al enojo? (¿Qué circunstancias condujeron para que me enojara?)

_____

_____

_____

_____

_____

2. ¿Qué me dije a mí mismo (en mi corazón) cuando me enojé? (¿Qué quería, deseaba o anhelaba cuando me enojé?)

_____

_____

_____

_____

_____

3. ¿Qué dice la Biblia acerca de lo que me dije a mí mismo cuando me enojé? (¿Qué dice la Biblia acerca de lo que quería cuando me enojé?)

_____

_____

_____

_____

_____

4. ¿Qué me debí haber dicho a mí mismo cuando me enojé? (¿Qué debí haber deseado más que mis propios deseos egoístas e idólatras?)

_____

_____

_____

_____

_____

Diario del conflicto

Circunstancias que rodean el Conflicto:

_____

_____

_____

_____

_____

_____

Padre / Madre: _____

Hijo(a): _____

Padre / Madre: _____

Hijo(a): _____

Padre / Madre: _____

Hijo(a): _____

Padre / Madre: _____

Hijo(a): _____

Padre / Madre: _____

Hijo(a): _____

Padre / Madre: _____

Hijo(a): _____

Hoja de trabajo de manipulación

Circunstancias alrededor de la manipulación:

_____

_____

_____

_____

_____

_____

Comentarios manipuladores que me hicieron

_____

_____

_____

_____

_____

Mi respuesta a la manipulación

_____

_____

_____

_____

_____

La respuesta a semejanza de Cristo (bíblica) a la manipulación

_____

_____

_____

_____

_____

Apéndice F

¿Cómo puedo ser salvo?

¿Cómo experimenta una persona la obra regeneradora del Espíritu de Dios? El Espíritu de Dios habita sólo en aquellos, quienes por Su gracia, han puesto su fe en la muerte vicaria del Señor Jesucristo. Estos son salvos por gracia por medio de la fe.

Cada persona, para ser regenerada, debe darse cuenta que sus pecados la han separado de Dios. Dios es tanto santo como justo. Su santidad lo dispone para odiar el pecado. Su justicia requiere que Él castigue el pecado. La paga o castigo por el pecado es la muerte. Si Dios pasara por alto el pecado sin el castigo apropiado sería una violación de Su justicia.

Trate de verlo de esta manera. ¿Consideraría que un juez es justo si, debido a su parcialidad a favor de un asesino detenido, lo sentenciara sólo a treinta días en la cárcel en vez de la sentencia mínima requerida por la ley? ¿Debería permitirse a tal juez injusto que ocupe su puesto? ¿Qué tal Dios? ¿Sería justo Dios, «el juez de toda la tierra» si no castigara a los pecadores que transgreden su ley? ¡Por supuesto que no! Si Dios permitiera que los pecadores se libraran sin demandarles que paguen por lo menos la pena mínima por sus delitos, esto lo haría injusto. La sentencia mínima por el pecado de acuerdo con la Biblia es la muerte. Dios debe castigar el pecado porque Su justicia le requiere hacerlo.

Por otro lado, Dios es amor y misericordia. No quiere *«que ninguno perezca, sino que todos procedan al arrepentimiento»* (2 Pedro 3.9). Entonces, ¿Cómo puede Dios perdonar a los pecadores en amor y misericordia, cuando Su justicia requiere que los castigue por sus pecados? La respuesta es encontrar a un substituto. Si Dios pudiera encontrar a alguien que estuviera dispuesto a pagar el precio del castigo por el pecado y que no tenga que morir por su propio pecado, entonces Él podría castigar al substituto en lugar del pecador. ¿Pero quién está sin pecado? Sólo Dios. Así que Dios, en Su amor y misericordia tomó la forma de hombre en la persona de Jesucristo, vivió una vida sin pecado, y luego, murió en la cruz como un substituto de los pecadores quienes eran incapaces de redimirse a sí mismos. Entonces, después de ser enterrado, Él resucitó de entre los muertos y al hacerlo demostró Su poder sobre la muerte. Este mismo poder de la resurrección está disponible para aquellos que verdaderamente creen este Evangelio de la gracia de Dios. Para aquellos que creen, es poder no sólo sobre la muerte, sino también sobre el pecado —el mismo pecado que nos esclaviza y por el que Cristo murió para salvarnos. Como ve, cuando una persona se convierte en cristiana, el Espíritu Santo viene a habitar en ella dándole el poder para cambiar y obedecer a Dios que no tenía antes de convertirse. Ésta es la esencia del Evangelio, las Buenas Noticias que deben proclamarse a todos— especialmente a sus hijos.

Apéndice G

Corregir con un enfoque central en la redención

El enfoque central de la crianza de los niños es llevarlo a una consciencia sobria de ellos mismos como pecadores. Deben entender la misericordia de Dios quien ofreció a Cristo como un sacrificio por los pecadores. ¿Cómo se logra eso? Debe dirigirse al corazón como la fuente del comportamiento. La cruz de Cristo debe ser el enfoque central de la educación de sus hijos.

El punto focal de su disciplina y corrección debe ser que sus hijos vean su inhabilidad total para hacer las cosas que Dios les requiere a menos de que conozcan la ayuda y la fortaleza de Dios. El estándar de Dios es un comportamiento correcto que fluye de un corazón que ama a Dios y que tiene la Gloria de Dios como su único propósito en la vida.

La alternativa es reducir el estándar a lo que apenas se podría esperar de su hijo sin la gracia de Dios. La alternativa es darles una ley que sí puedan cumplir. La alternativa es un estándar inferior que no requiera la gracia y que no los lleva a Cristo, sino a sus propios recursos.

La dependencia en sus propios recursos los aleja de la cruz. Los aleja de cualquier introspección que les fuerce a concluir que necesitan desesperadamente el perdón y el poder de Jesús.

Es sólo en Cristo que el niño que se ha desviado del camino y ha experimentado convicción de pecado, puede encontrar esperanza, perdón, salvación y poder para vivir.

—Dr. Tedd Tripp

Este apéndice fue extractado y usado con permiso de «Cómo Pastorear el Corazón de su Hijo», el libro esencial para padres del Dr. Tedd Tripp, que es producido y distribuido por Calvary Press.

Notas

1. Jim, Linda y Josué son seudónimos de una familia compuesta de casos reales atendidos en el Centro de Consejería Bíblica de Atlanta y el Instituto Cristiano de Consejería.

2. Hay 168 horas en cada semana. Si veo a Josué una hora a la semana, sólo para enviarlo de regreso a un ambiente que facilita que peque y dificulta que venza sus hábitos pecaminosos (en vez de uno que le haga más difícil pecar y más fácil vencer sus hábitos pecaminosos), mi hora de *influencia buena* puede ser neutralizada por las muchas horas de *influencias malas* a las que es expuesto en su propia casa. Lo que es aún más importante, necesito el tiempo con Jim y Linda para entrenarles como consejeros de Josué. Dios les dio esa responsabilidad a ellos, no a mí (Véase Deuteronomio 6.6-9; Efesios 6.4; Gálatas 4.1-2).

3. Quien se entrega continuamente al pecado de embriagarse es catalogado por Dios como un borracho (1 Corintios 6.10). El que continuamente se entrega a la necedad es identificado en las Escrituras como un necio (Proverbios 26.11). Lo mismo pasa con los que mienten, roban y fornican continuamente. Son llamados mentirosos, ladrones y fornicarios. La lista completa de pecados característicos es demasiado larga para citarla aquí. Baste decir que «prenderán al impío sus propias iniquidades, y retenido será con las cuerdas de su pecado» (Proverbios 5.22).

4. Observe que dije «puede contaminar» y no «contaminará» (lo cual tendría un carácter determinista). Puede que los cristianos se permitan, inconscientemente, ser «víctimas» del pecado de otras personas. A los miembros de la familia cristiana debería enseñárseles a confrontar a otros miembros que estén pecando. Incluso a los niños pequeños (aun de 2 años) se les puede enseñar (con principios) a seguir el mandato que dejó el Señor en Mateo 18.15.

5. El origen de esta creciente tendencia a producir hogares centrados en los niños (centrados en el hombre) puede hallarse en la amplia aceptación de la filosofía humanista en nuestra cultura durante los últimos sesenta años.

6. H. Clay Trumbull, *Hints on Child Training*, pp 129-131. Esta obra ya no se publica pero para más información contacte en los Estados Unidos a Calvary Press en el 1 (800) 789-8175.

7. En casos en los que uno de los padres cree que el estándar del otro es obviamente injusto, la parte preocupada debe, en privado y con amabilidad, discutirlo con su cónyuge. De nuevo, se deben consultar y discutir los pasajes bíblicos apropiados. Si no se llega a ningún acuerdo, los padres deben buscar el consejo de otros con el propósito de entender y aplicar *todos* los pasajes relevantes de las Escrituras. Y deben continuar deliberando juntos hasta que puedan concordar en un conjunto de normas basadas en la Palabra de Dios. Mientras tanto, la parte que no tenga el escrúpulo en la mayoría de los casos, debe ceder temporalmente ante el que sí lo tiene (Romanos 14 y 1 Corintios 8).

8. Por supuesto, encerrarse puede lastimar a aquellos a quienes se dirige el silencio, como el explotar también hiere a aquellos que explotan en enojo.

9. Trumbull, pp. 1-2.

10. «La cordura del hombre detiene su furor, y su honra es pasar por lo alto la ofensa» (Proverbios 19.11). Los padres deberían enfocarse en corregir las transgresiones frecuentes y estar más dispuestos a «pasar por alto» aquellas que ocurren con menos frecuencia. «El amor cubrirá multitud de pecados». Los pecados que se mantienen sin cobertura son los que deben ser blanco especial de la corrección.

11. El Cuarto de Reflexión es una forma de disciplina que se extiende tanto como el tiempo que le tome al niño decidirse a cooperar. Se explicará con más detalle en el capítulo 11.

12. Debido a la posición de los oídos en la cabeza escuchamos nuestra propia voz con algo de distorsión. ¿Recuerda su sorpresa la primera vez que escuchó su voz en una grabación?

13. Adams, Jay E., *A Theology of Christian Counseling* (Grand Rapids: Zondervan Publishing House), pp. 114-115. Disponible a través de Calvary Press. Llame en los Estados Unidos al 1 (800) 789-8175.

14. Trumbull, p. 14.

15. Ver el Apéndice C para encontrar más «amores» pecaminosos identificados en la Biblia.

16. Ciertamente no es incorrecto que los niños pregunten «¿por qué?» a sus padres. Las preguntas del tipo «Por qué» son ilegítimas cuando el niño las emplea con la intención de manipular o acusar falsamente a sus padres. Como con muchas otras cosas en la vida, lo que determina si algo está bien o mal, es la motivación.

17. Zodiates, Spiros, *The Complete Word Ssudy Dictionary* (Iowa Falls: World Bible Publishers, Inc.), p. 222.

18. Al leer cada respuesta «a semejanza de Cristo» sugerida, recuerde leerla en un *tono de voz* que sea consistente con la humildad y mansedumbre de Cristo (Mateo 11.29; 2 Corintios 10.1). Si la leyera con una inflexión sarcástica y arrogante pasaría por alto lo que vimos en el capítulo 5, referente a que el tono de la voz a menudo comunica más que las propias palabras.

19. Cuando un niño ha regresado del Cuarto de Reflexión con actitud arrepentida, suele ser también más receptivo. Entonces podrá instruirle no sólo acerca del uso del *Diario del Corazón*, sino también sobre las «grandes y preciosas» promesas de las Escrituras que pueden liberarlo del pecado residente.

20. Este capítulo contiene conceptos que han sido adaptados y ampliados del libro *Growing Kids God's Way* de Gary y Ann Marie Ezzo. Usado con autorización.

21. Sin embargo, pueden apelar su interpretación de que un comportamiento particular viola un principio bíblico.

22. «Apropiadamente» significa «de una manera Bíblica». Quiere decir, que la comunicación del hablante no viola ningún mandamiento bíblico sobre la comunicación. Las palabras del hablante, el tono de voz y la comunicación no verbal reflejan gracia, respeto y la sumisión apropiada a la autoridad. Ver el capítulo 3 para un repaso más detallado.

23. El autor agradece a María Gangarossa por su pericia y ayuda en el desarrollo del material en este apéndice.

Acerca del autor

Lou Priolo es graduado de la Universidad Bíblica Calvary y la Universidad Liberty, ha escrito *The Complete Husband, Teach Them Diligently* and *Losing that Lovin' Feeling.* Destacado conferencista y consejero bíblico a tiempo completo durante 20 años, trabaja actualmente como Director de Consejería Bíblica de la Iglesia Presbiteriana Eastwood en Montgomery, Alabama, donde es también miembro del Consejo de Ancianos. Es instructor del Seminario Teológico de Birmingham, en Birmingham, Alabama. Ha desarrollado asimismo un amplio ministerio a través de casetes, orientado a ayudar a los cristianos a aplicar la Biblia a problemas específicos de sus vidas. Lou es Socio de la Asociación Nacional de Consejeros Nutéticos (o basados en las Escrituras), y editor de sección de la publicación Journal of Modern Ministry. Lou Priolo y su esposa Kim son los padres de dos niñas, Sophia (de 14 años) y Gabriella (de 6). Los Priolo residen en Wetumpka, Alabama.

Para invitaciones a ministrar, en inglés, en su iglesia puede escribirle al autor a:

www.eastwoodchurch.org

www.ingramcontent.com/pod-product-compliance
Ingram Content Group UK Ltd.
Pitfield, Milton Keynes, MK11 3LW, UK
UKHW031126120325
456135UK00006B/97